Préface

S'il y avait une recette pour le succès, je vous la donnerais bien volontiers. La vie d'un entrepreneur est pavée de challenges. Les quelques succès se savourent, les difficultés se surmontent, les échecs font progresser. Et au fond, tous les entrepreneurs apprennent à vivre avec l'incertitude et le risque. La peur d'échouer n'existe plus face à la farouche volonté de ne jamais cesser de rebondir et d'avancer.

Votre histoire sera naturellement singulière. Il n'y a ni chemin tracé, ni réussite absolue, le tout c'est de vouloir réaliser de grandes choses, par ambition ou obsession, parce qu'on vous a dit que c'était impossible, impensable et irréalisable. Ou simplement parce que vous en aviez envie. Ce sont les défis qui font avancer.

La chance d'un entrepreneur, ce n'est pas seulement d'avoir la folle ambition, parfois inconsciente, de vouloir changer le monde, mais d'avoir la possibilité d'y arriver. Dans cette histoire sans fin, au-delà de choisir votre voie et de faire des choix, vous allez croiser la route de nombreuses personnes et bénéficier de nombreux enseignements.

C'est pour cela que vous devez saisir les opportunités. Nombreuses sont les décisions sans lendemain auxquelles rien ne succède. En revanche, certaines marquent le commencement d'une longue suite d'événements à saisir dont on ne comprend l'importance qu'à mesure qu'ils se réalisent. Alors que vous pavez votre chemin, vous serez sans cesse confronté à des choix. La plupart sont réversibles ou révocables et leur impact est limité. Mais certaines décisions stratégiques peuvent impliquer de lourdes conséquences.

Face à ces choix, entourez-vous de gens exceptionnels et loyaux. La clé de toute entreprise, ce sont les gens qui la composent et la culture qui les lie à leur exécution au quotidien. Appuyez-vous sur des gens bienveillants, brillants dans leur domaine et sur qui vous pouvez compter. Chaque conseil, enseignement ou idée auxquels vous serez confrontés méritent de se poser cette simple question : Pourquoi ? Pourquoi faire ce choix, pourquoi m'avoir donné ce conseil, pourquoi telle chose est comme cela... C'est la réponse à cette question qui vous permet de maîtriser un sujet, d'en attaquer le cœur et de déterminer la meilleure manière de l'adresser.

Enfin, les forces de l'entrepreneur ne sont pas seulement sa détermination et son ambition, sa force de travail ou sa capacité d'exécution, mais aussi son ouverture d'esprit et son humilité. La majorité des aventures entrepreneuriales commencent de zéro :)

Xavier Niel

Cofondateur de Free

www.
startupattitu.de

Sommaire

l'ingéniosité

le lancement

la collaboration

les ressources humaines

la proximité

le design

les données

Introduction

Il y a quelques années, j'ai lancé et planté ma start-up. Voici le livre que j'aurais aimé lire avant de me lancer.

Nous sommes en 2011 et, bien qu'étudiant dans une école de commerce, une seule chose m'obsède : lancer ma boîte. Depuis le début de mes études, mon intérêt porte sur l'économie numérique. Cet univers me fascine. Je vois dans le Web un terrain de jeu incroyable pour exprimer ma créativité mais aussi une véritable opportunité pour avoir un impact sur le monde. Des livres comme *Free* de Chris Anderson ou *La méthode Google* de Jeff Jarvis éveillent ma curiosité tandis que des parcours d'entrepreneurs comme ceux de Xavier Niel ou de Mark Zuckerberg m'inspirent.

Avant d'intégrer ma deuxième année de Master, une idée – du genre de celles qui empêchent les entrepreneurs de trouver le sommeil – me vient. Comme c'est souvent le cas, tout part d'une observation : je viens d'apprendre qu'un artiste que j'apprécie donne un concert à Paris le soir même, mais il est évidemment trop tard pour réserver des places. Ah ! Si seulement j'avais pu être informé de sa présence quelques semaines plus tôt... Qui dit existence d'un problème, dit aussi opportunité pour créer un business. J'imagine ainsi la création d'un réseau social dédié aux événements où, à l'instar de Twitter, il suffirait de s'abonner à ses amis et à ses artistes préférés pour ne manquer aucun des événements auxquels ils participent. Un algorithme de recommandations permettrait également de proposer aux utilisateurs des événements en lien avec leurs centres d'intérêts et chacun serait libre de laisser son agenda en accès public ou privé. Le concept de PlanValley est né !

J'en parle à Cédric, mon ami d'enfance, qui est webdesigner. Il accepte de se lancer dans l'aventure avec moi et réalise les premiers prototypes du site sur son temps libre. Le recrutement d'un troisième associé au profil technique prendra plus de temps. Après deux collaborations infructueuses, nous trouvons enfin notre CTO : un ancien de l'école Epitech qui se prénomme Adrien. Programmeur talentueux, ce dernier est également un spécialiste de l'intelligence artificielle, un atout majeur pour notre projet dont la valeur ajoutée repose en partie sur notre algorithme de recommandations de sorties.

Souhaitant étoffer mon carnet d'adresses et acquérir davantage d'expérience dans le milieu du Web, je profite de mon statut d'étudiant pour réaliser des stages. J'intègre d'abord le Journal du Net, un site d'information spécialisé dans l'économie numérique où je couvre notamment l'actualité des start-up américaines (et pour lequel j'écris toujours aujourd'hui en freelance). Mon second stage se fera dans une start-up spécialisée dans la publicité en ligne, pour me permettre de découvrir le côté opérationnel.

Le développement de notre plateforme avance moins rapidement que prévu. Pourtant, je rencontre déjà des investisseurs. J'obtiens même des entretiens via Skype avec des Venture Capitalists renommés de la Silicon Valley grâce à des introductions. Si beaucoup trouvent le concept du site intéressant, tous m'expliquent qu'ils n'investiront pas sans « traction », autrement dit pas avant d'avoir des chiffres témoignant de l'utilisation réelle du site.

Pourtant, nous n'en sommes pas encore là. La faute à mon souhait de créer la plateforme la plus parfaite possible. Au lieu de lancer rapidement un simple MVP (*Minimum Viable Product*), pour ensuite l'améliorer grâce au feedback des utilisateurs et aux données – comme le préconise notamment Eric Ries avec sa méthodologie Lean Startup –, je ne cesse de faire évoluer le produit au fil des semaines. Je demande ainsi régulièrement à mes cofondateurs à ce que l'on rajoute des fonctionnalités supplémentaires. Ces nouvelles intégrations retarderont considérablement notre planning de développement. En plus de cela, notre stratégie est un peu confuse : mon idée est de cibler dès le début le marché américain. Raison pour laquelle nous décidons de concevoir notre plateforme uniquement en anglais dans un premier temps.

Après de long mois à travailler sur PlanValley durant notre temps libre, au cours desquels nous intégrerons un incubateur, nous lançons enfin notre Private Beta ! Autant dire que nous avions hâte d'obtenir les premiers feedbacks. Mais les premiers retours se montrent décevants. En effet, la majorité des beta-testeurs nous explique que, même s'ils trouvent le site réussi d'un point de vue esthétique, ils ne l'utiliseront probablement pas. La raison ? Si certains font valoir une faible valeur ajoutée par rapport aux services concurrents, d'autres nous avouent directement qu'il leur est assez rare de se rendre à des concerts, conférences et autres types d'événements à une fréquence régulière. Cette raison est préoccupante. Et je réalise à ce moment-là que, moi-même, je n'utiliserais sans doute pas ma propre plateforme quotidiennement. J'en retiendrais d'ailleurs ma principale leçon : un entrepreneur ne devrait jamais créer un produit qu'il n'utiliserait pas lui-même !

Après concertation, nous décidons de « pivoter » pour créer une application mobile dédiée à la vente de billets d'événements à la dernière minute, en nous inspirant du modèle du site « 2heuresavant ». L'idée est de vendre les places invendues, notamment des pièces de théâtres, quelques heures avant le début de la pièce en proposant une importante réduction. Je prends néanmoins conscience que la passion et la motivation du début ne sont plus là. Ce nouveau projet se retrouve assez éloigné de ma vision de départ. Alors que notre nouvelle application est en cours de développement, j'informe mes deux associés que je souhaite mettre un terme à l'aventure.

Le moment est douloureux car j'ai la sensation de les abandonner en cours de route. Dans le même temps, c'est aussi un soulagement : ces longs mois à observer le lent développement de la plateforme auront eu à la fois raison de mes finances personnelles et de ma patience. Ne disposant pas de compétences techniques, il m'aurait été impossible de rester simple spectateur plus longtemps. Il me faut désormais affronter le regard des proches qui ne comprennent pas sur quoi j'ai pu travailler pendant presqu'un an sans gagner le moindre centime. Difficile également de répondre sans une certaine gêne à tous ceux qui m'interrogent pour demander : « Alors où en est ta boîte ? »

L'échec de PlanValley n'est pas un cas isolé. Si l'entrepreneuriat est aujourd'hui glorifié et que les success stories d'entreprises sont celles qui font logiquement les gros titres, il y a une chose qu'on ne dit pas assez : beaucoup de créations d'entreprises sont des échecs. Sans compter que la concurrence dans le secteur du Web est bien plus forte qu'il y a quelques années. De nouvelles applications se créent chaque jour, il est désormais primordial de se différencier et de développer des produits ou services qui pourront apporter une réelle valeur à des utilisateurs de plus en plus exigeants. Comme le formule l'entrepreneur américain Gary Vaynerchuk – avec l'humour qu'on lui connaît – lors de la conférence LeWeb en 2013 : « Pour chaque Instagram créé, vous avez 5 millions d'Insta-shit ».

Pour autant, cet échec se révélera enrichissant. Il me permettra notamment de tirer des leçons de mes nombreuses erreurs, même si, avec du recul, beaucoup auraient pu être aisément évitées. J'aurais par exemple aimé savoir à cette époque qu'il vaut mieux démarrer avec un simple MVP plutôt que de vouloir à tout prix lancer le produit parfait – comme le résume Reid Hoffmann, cofondateur de LinkedIn : « Si vous n'avez pas honte de votre produit à son lancement, c'est que vous le lancez trop tard ». Qu'il est préférable de démarrer en ciblant une niche plutôt que de chercher à attirer le monde entier sur sa plateforme. Qu'il est important de bien s'entourer et d'avoir des mentors sur lesquels s'appuyer en cas de besoin. Qu'il est primordial de penser dès le début à ses leviers d'acquisition clients. Etc.

J'espérais bien évidemment un autre clap de fin pour PlanValley, mais je ne regrette pas de m'être lancé. Les erreurs sont formatrices et nul doute que nous sommes aujourd'hui tous les trois mieux armés pour notre prochaine start-up. Comme l'aurait dit Thomas Edinson : « Je n'ai pas échoué. J'ai juste trouvé 10 000 solutions qui ne fonctionnent pas ». Cédric s'est depuis associé avec mon frère pour créer Stooly, une marque de mobilier en carton pliable.

L'échec reste malgré tout assez mal perçu en France, à l'inverse des États-Unis où il a tendance à être davantage valorisé. Pourtant, difficile d'innover si l'on n'est pas prêt à prendre le risque d'échouer. Mark Zuckerberg le sait bien, lui qui incite ses employés à prendre des risques pour inventer les fonctionnalités qui feront, demain, le succès de Facebook. « Le plus gros risque est de n'en prendre aucun. Dans un monde qui ne cesse de changer, la seule stratégie qui garantie l'échec est de ne pas prendre de risques », explique le PDG.[1]

Cette volonté de constamment prendre des risques et d'aller de l'avant est sans doute ce qui caractérise le mieux cette fameuse « start-up attitude ». « Innover pour améliorer ou disrupter l'existant », telle pourrait être la devise des fondateurs de start-up.

Pendant 5 ans, j'ai été à la rencontre de ces entrepreneurs du Web. Pour le compte du JDN, j'ai notamment interviewé des fondateurs et dirigeants d'entreprises synonymes de réussite à l'image de Netflix, WhatsApp, ou encore Skype. Leur point commun ? Tous ont réussi à mettre en œuvre leur vision grâce à une excellente exécution. Ils ont bâti une équipe talentueuse pour créer un produit à forte valeur ajoutée. Les parcours de ces entrepreneurs du Web sont une véritable source d'inspiration pour moi. J'espère qu'ils le seront également pour vous.

A.T.

1. http://www.cbsnews.com/news/facebooks-mark-zuckerberg-insights-for-entrepreneurs/

l'entrepreneur

Le Potentiel D'ABORD

Une étude publiée en 2012 par des chercheurs des universités de Stanford et d'Harvard a démontré que le potentiel perçu chez un individu avait davantage d'importance aux yeux du public que ses accomplissements réels.

Pour arriver à cette conclusion, les auteurs Zakary Tormala, Jayson Jia et Michael Norton ont mené huit expériences différentes. L'une d'elle consistait à présenter différentes versions d'une publicité en ligne à des internautes. Le visuel avait pour objectif de promouvoir un acteur nommé Kevin Shea. Si la première version mettait en valeur les accomplissements passés du comédien, « Tout le monde parle de Kevin Shea », la seconde insistait davantage sur son potentiel futur : « À cette même période l'année prochaine, tout le monde parlera de Kevin Shea ». Résultat : la deuxième version se révéla plus efficace que la première. La raison ? Un attrait naturel pour l'incertain, selon les chercheurs. Nous montrerions en effet davantage d'intérêt et de curiosité pour ce que nous ne connaissons pas que pour des vérités établies ou des accomplissements passés.

> « [...] nous avons constaté que le fort potentiel pouvait être plus intéressant et séduisant qu'une belle expérience. En fait, même si l'expérience est objectivement plus impressionnante sur un CV, alors que le potentiel est plus incertain, les participants ont systématiquement été plus favorables aux individus à potentiel qu'à ceux avec de l'expérience sur les critères de préférence, d'intérêt et de goût. »[1]

---

1. Tormala Zakary L., Jayson Jia, Michael I. Norton, « The Preference for Potential », *Journal of Personality and Social Psychology* 103, no. 4, octobre 2012, 567-583.

Évaluer le potentiel d'un entrepreneur fait partie du métier d'investisseur. Et l'histoire des fondateurs d'Airbnb illustre bien toute la difficulté de la tâche.

C'est justement en mettant en avant leur potentiel que les jeunes entrepreneurs réussiront à convaincre Paul Graham, directeur du Y Combinator, de les laisser intégrer le célèbre incubateur. Pendant un entretien, ils lui racontent comment, lors de la campagne présidentielle américaine de 2009, ils récoltent 30 000 dollars en vendant des boîtes de céréales à l'effigie de Barack Obama et John Mc Cain, les deux candidats à l'élection.

Cette initiative originale impressionne le directeur de l'incubateur. Et même si celui-ci avouera avoir eu quelques doutes sur l'idée de départ des fondateurs, il est séduit par leur hargne. Paul Graham cherche alors, à cette époque, à convaincre plusieurs investisseurs de son carnet d'adresses de faire confiance à ces jeunes entrepreneurs. Il envoie à Fred Wilson, un célèbre capital risqueur basé dans la région de New York, l'email ci-dessous :

> De : Paul Graham
> À : Fred Wilson, AirBedAndBreakfast Founders
> Envoyé le : Ven, 23 janv 2009 à 11:42
> Objet : Rencontrer les airbeds
> L'une des start-up qui vient de se lancer, AirbedAndBreakfast, est en ce moment même à New York en train de rencontrer ses utilisateurs. (NYC est leur plus gros marché.) Je vous recommande de les rencontrer si votre emploi du temps le permet.

> J'ai d'abord pensé que puisque ces gars allaient vraiment réussir, je devais les présenter à des business angels, parce les VCs[1] n'iront jamais vers eux. Mais finalement je me suis dit que je devais peut-être vous accorder plus de crédit. Je suis sûr que vous les apprécierez. Demandez-leur comment ils se sont financés avec des boîtes de céréales.
> Il n'y a aucune raison pour que ce site ne devienne pas aussi gros qu'eBay. Et cette équipe est la bonne pour le faire.[2]

Mais si l'investisseur se montre intéressé, il n'investit finalement pas :

> « Nous n'arrivions pas à imaginer que des matelas gonflables par terre dans des salons seraient les prochaines chambres d'hôtel ; nous n'avons pas parié là-dessus », justifie-t-il.

Il faut dire qu'à l'époque, le site propose essentiellement de louer des matelas chez des inconnus, un concept qui a de quoi laisser perplexe bon nombre d'investisseurs ! Pour autant, Wilson regrettera grandement son erreur et avouera ne pas avoir su déceler le potentiel des fondateurs d'Airbnb :

> « Nous avons fait l'erreur classique de tous les investisseurs. Nous nous sommes trop concentrés sur ce qu'ils faisaient à l'époque et pas assez sur ce qu'ils pouvaient faire, feraient, et ont fait. Je suis fier de notre portefeuille, plein d'entreprises pour lesquelles nous avons vu la vision avant d'autres investisseurs et avons soutenu une super équipe. Mais nous ne

1. VCs : Venture Capitalists.
2. Source : http://www.paulgraham.com/airbnb.html

> réussissons pas à chaque fois. Nous avons raté Airbnb même si nous avons adoré l'équipe. Grave erreur. »

En guise de rappel, Fred Wilson garde précieusement l'une de ces boîtes de céréales dans la salle de conférence de Union Square Ventures, son fonds d'investissement. Un bon moyen pour lui de se remémorer la nécessité d'accorder plus d'importance au potentiel d'un entrepreneur qu'à l'idée qu'il vient pitcher.

> « [...] La boîte de céréales restera dans notre salle de conférence pour nous rappeler de ne pas refaire cette erreur »[1], conclut l'investisseur.

1. Source : http://avc.com/2011/03/airbnb/

Première expérience

NON exigée

En avril 2015, Shasta Ventures, un fonds d'investissement basé dans la Silicon Valley, publie une étude visant à identifier les points communs entre les entreprises technologiques à succès. Sur les 32 entreprises sélectionnées, toutes proposent un produit orienté vers le consommateur.

Un autre des traits communs mis en évidence par l'étude est surprenant : les 3/4 des fondateurs de ces sociétés sont des entrepreneurs novices qui n'avaient jamais créé d'entreprises auparavant. Aux yeux de Tod Francis, Managing Partner chez Shasta Ventures, ce n'est pas un hasard :

> « Ils n'avaient pas de succès à leur palmarès ni de grande expérience dans leur domaine, mais ils étaient passionnés par leur produit et avaient une vision unique de la manière dont servir leurs clients. Avoir une nouvelle vision est important pour lutter contre cette catégorie de personnes qui ont une expérience de l'industrie mais qui sont souvent limitées par ce qui "n'est pas possible" et pourquoi "ça ne fonctionnera pas". »[1]

Tod Francis est d'ailleurs loin d'être le seul investisseur de cet avis. Pour Ben Horowitz, cofondateur du réputé fonds d'investissement Andressen-Horowitz :

> « Les jeunes ont tendance à être plus innovants car ils ont moins de préjugés, explique-t-il. "Ils ne comprennent pas pourquoi les

---

1. Tod Francis, *What did Billion Dollar Companies Look Like at the Series A ?*, avril 2015, https://medium.com/@todfrancis

> choses sont telles qu'elles sont. Ils ne comprennent pas pourquoi ils doivent héler un taxi... L'innovation vient grâce à ça. »[1]

Mark Zuckerberg en est sans doute la meilleure illustration, lui qui crée Facebook à seulement 19 ans. Sur la scène du Mobile World Congress à Barcelone, il prévient les jeunes de ne pas toujours écouter ceux qui leur reprochent leur manque d'expérience.

> « J'ai commencé Facebook quand j'avais 19 ans. Quand vous êtes jeune, on vous dit souvent que vous n'avez pas l'expérience pour faire les choses, qu'il y a des gens qui ont plus d'expérience que vous, et que vous devriez vous en remettre à eux, les laisser diriger votre entreprise. Ça ne prend pas en compte la vision unique de chacun. »[2]

À ces jeunes, l'entrepreneur conseille de garder confiance en eux. Car Mark Zuckerberg le sait mieux que quiconque : dans l'univers du Web et des start-up le manque d'expérience n'est pas toujours un handicap, c'est même souvent un atout.

1. Caroline Fairchild, *How Ben Horowitz Accidentally Invested In Slack*, avril 2015, www.linkedin.com
2. Josie Ensor, « Mark Zuckerberg reveals his one rule for hiring at Facebook », *The Telegraph*, mars 2015.

MISEZ SUR VOTRE « *Unfair Advantage* »

Le terme « Unfair Advantage » est souvent utilisé pour désigner ce qu'une entreprise ne peut pas acheter ou copier : données, expérience du marché, notoriété de la marque, communauté d'utilisateurs, équipe talentueuse, etc. Autant d'éléments qui constituent des barrières naturelles à l'entrée vis-à-vis de potentiels concurrents.

Les entrepreneurs à succès, aussi, ont leurs « Unfair Advantage », et l'un d'eux est particulièrement mis à contribution : leur réseau.

Le cofondateur de LinkedIn, Reid Hoffman, peut en témoigner. Si l'entrepreneur est connu pour être à l'origine du célèbre réseau professionnel, il est également l'un des membres de l'équipe fondatrice du système de paiement Paypal – la même qui sera plus tard surnommée la « Paypal Mafia ». Cette expérience permet à Reid Hoffman de se constituer un solide réseau professionnel. Des contacts, que l'entrepreneur ne va pas hésiter à solliciter pour peupler son réseau social encore vide.

Investisseurs, entrepreneurs et recruteurs influents de la Silicon Valley font ainsi partie des premiers membres à se créer un profil sur LinkedIn.

> « Nous avons démarré en envoyant des invitations à l'ensemble de notre entourage »[1], m'explique Allen Blue, l'un des cofondateurs de LinkedIn.

L'arrivée de ces contacts très courtisés sur la plateforme encourage d'autres à les imiter. Petit à petit, Reid Hoffman et ses associés attirent ainsi l'influente communauté technologique de la Silicon Valley, et plus largement des États-Unis.

Si LinkedIn voit le jour en 2003 aux États-Unis, une autre start-up est créée cette même année, cette fois-ci en Estonie avec un objectif pour le moins ambitieux : permettre à chacun de converser gratuitement grâce au Web. Cette jeune pousse prend le nom de Skype. À l'instar des créateurs de LinkedIn, ses fondateurs vont également mettre à profit leur réseau pour promouvoir leur service à ses débuts. L'équipe a la chance de bénéficier à cette époque d'une certaine notoriété puisqu'elle est également à l'origine de la célèbre plateforme

1. Lire l'interview intégrale sur le JDN : http://www.journaldunet.com/ebusiness/le-net/1162269-allen-blue-linkedin/

de téléchargement P2P Kazaa. Celle-là même qui a fait couler beaucoup d'encre à cause des procès engagés par plusieurs maisons de disques à son encontre. Les fondateurs vont ainsi capitaliser sur leur réputation pour promouvoir Skype.

> Comme me l'explique Niklas Zennström, l'un des cofondateurs et ancien CEO de Skype : « Nous avons eu l'idée de le présenter à la presse comme un service de téléphonie P2P développé par les fondateurs de Kazaa »[1].

La stratégie permet à la start-up de faire parler d'elle dans les médias et d'acquérir ses premiers utilisateurs. Le bouche-à-oreille fera ensuite son effet.

Si tous les entrepreneurs ne partent pas avec les mêmes avantages sur la ligne de départ – d'où le terme « Unfair » –, la bonne nouvelle est que rien n'est définitif. Il n'est par exemple jamais trop tard pour se constituer un réseau, en écrivant à des entrepreneurs expérimentés pour demander du feedback ou se rendant à des conférences. Des démarches que n'ont pas hésité à entreprendre les fondateurs d'Airbnb et de Pinterest à leurs débuts. À l'inverse, beaucoup disposent également d'avantages qu'ils n'exploitent pas, souvent par timidité, ou parce qu'ils n'en ont tout simplement pas conscience.

1. Lire l'interview intégrale sur le JDN : http://www.journaldunet.com/web-tech/start-up/1176447-niklas-zennstrom-atomico/

Un associé en OR 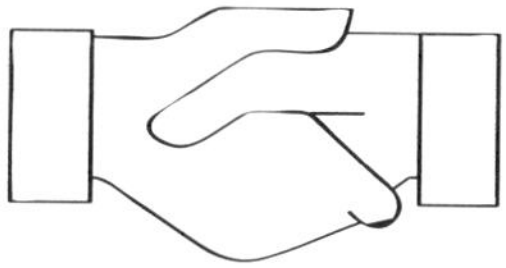

À défaut de l'avoir utilisé, qui n'a jamais entendu parler de la plateforme de streaming musical Tidal ? En 2015, le rappeur et producteur Jay Z frappe fort et ne lésine pas sur les moyens pour promouvoir la plateforme dont il fera l'acquisition cette même année. Il faut dire que le paysage concurrentiel est rude. Pour ce faire, le rappeur et businessman américain va capitaliser sur l'un de ses atouts : son accès privilégié aux plus grands artistes de la planète. Pour annoncer le lancement de Tidal, Jay Z réunit ainsi un parterre de stars. De jeunes artistes en devenir, à l'image de Beyoncé, Madonna, Kanye West ou encore Rihanna, font le déplacement. L'événement ne passe pas inaperçu et, sans grande surprise, l'information du lancement de Tidal fait le tour du monde.

Si beaucoup d'entrepreneurs ne peuvent se targuer de partager le même cercle d'amis que Jay Z, une solution existe : passer par un intermédiaire qui, lui, dispose de ce carnet d'adresses. C'est notamment cette stratégie qui a permis à Spotify, autre acteur majeur du streaming musical, de conclure un partenariat avec Facebook. Pour y arriver, la plateforme va pouvoir compter sur l'aide d'un de ses investisseurs, Sean Parker. Actionnaire et ancien président de Facebook, l'homme connaît très bien l'entreprise ainsi que son fondateur, et joue un rôle clé dans le rapprochement entre les deux plateformes. Cette intégration de Spotify à Facebook donnera un réel coup d'accélérateur à la plateforme suédoise.

Convaincre une personnalité telle que Sean Parker de devenir son associé n'est évidemment pas simple.

Victor Louzon, fondateur de la marque Wize&Ope, en sait quelque chose. Créée à Paris en 2008 l'entreprise spécialisée dans les montres au style streetwear se diversifie par la suite en développant une gamme de baskets connectées et lumineuses (les semelles des chaussures sont équipées de lumières LED rechargeables, ndlr). Pour faire connaître sa marque, la stratégie de Victor Louzon consiste à envoyer des produits à des célébrités issues de l'univers hip-hop, en espérant que ces dernières les porteront lors de leurs apparitions publiques. Un jour, l'entrepreneur apprend que le rappeur et producteur américain Lil Wayne a remarqué ses montres et qu'il les apprécie ! Victor est aux anges et n'a plus qu'une idée en tête : il veut proposer à l'artiste de devenir son associé et faire de lui son égérie. Cela tombe bien puisque l'entourage de l'artiste le contacte afin de lui annoncer qu'il souhaite le rencontrer. Victor interrompt précipitamment ses vacances au Maroc et s'envole pour Los Angeles.

Mais arrivé sur place, le manager du rappeur lui annonce que Lil Wayne ne sera finalement pas disponible. Déçu, l'entrepreneur s'apprête à rentrer en France lorsqu'il reçoit un appel du manager de Lil Wayne, lui disant que la star pourra finalement le recevoir. La rencontre a lieu à 4 heures du matin dans les locaux d'Universal Studios. « Lil Wayne me dit à la fin de l'entretien "let's do this" », se souvient Victor Louzon. Heureux, il envoie dès son retour en France, le contrat qui fera de Lil Wayne l'égérie de Wize&Ope en échange de 20 % du capital de l'entreprise. L'entrepreneur refuse, dans la foulée, une offre de rachat de 4 millions formulée par une entreprise cotée. Il revoit même complètement la stratégie de l'entreprise, visant désormais les États-Unis !

Ces décisions sont loin de plaire à son associé, un fabricant de montres Hongkongais. Son PDG, un homme d'un certain âge au style très traditionnel, voit d'un mauvais œil cette association avec le sulfureux rappeur, et décide de couper les ponts avec Victor à qui il revend ses parts. Ce coup dur n'entache pas la détermination de l'entrepreneur :

> « Je croyais dans la parole de Lil Wayne et dans le potentiel de la marque avec lui à mes côtés », m'explique ce dernier.

Mais plus les mois passent et plus les nouvelles de la star se font rares. Le fondateur se met à douter :

> « Cela a été très dur psychologiquement, beaucoup de gens me disaient que j'avais été un idiot de refuser cette offre de rachat. Je devais faire face au regard dubitatif de mon entourage tout en continuant d'y croire », se souvient-il.

Après 9 mois d'attente interminable, l'entrepreneur reçoit un appel d'un collaborateur de Lil Wayne l'informant que le rappeur a signé son contrat. Sonné, Victor attendra de recevoir le document pour croire réellement à cette nouvelle.

La suite des événements va récompenser la patience de l'entrepreneur. Car avec le rappeur à ses côtés, Wize&Ope trouve rapidement grâce aux yeux de nombreux artistes et sportifs qui acceptent volontiers de porter « la marque de Lil Wayne » comme certains l'appellent désormais. Si ce partenariat avec la star permet d'ouvrir des portes dans le monde fermé des célébrités, il stimule également la créativité de l'équipe. L'entreprise sait qu'elle n'a pas le droit à l'erreur lorsqu'elle développe des nouveaux produits, l'artiste ne portant que ce qu'il a envie. « Cela nous impose de nous dépasser constamment en terme de créativité », souligne Victor Louzon. Sa patience et sa détermination auront en tout cas changé le visage de l'entreprise. Présente dans plus de 25 pays, les ventes de la marque dépassent les 10 millions de dollars en 2015. L'année suivante, Wize&Ope sera même sélectionnée pour faire partie de la délégation française à la conférence technologique SXSW à Austin au Texas, puis au CES de Las Vegas un an plus tard.

COMPTEZ *vos échecs*

7

Si le mot « succès » est souvent associé à Airbnb lorsqu'il s'agit d'évoquer le parcours de la start-up, cela n'a pas toujours été le cas. La réalité est que peu d'investisseurs se bousculaient au portillon de la jeune pousse à ses débuts. Dans un billet publié sur la plateforme Medium en 2015, Brian Chesky, cofondateur et CEO d'Airbnb, rend public plusieurs emails d'investisseurs reçus à cette époque. Tous ont en commun d'avoir poliment décliné l'opportunité d'investir dans la future licorne :

> « Le 26 juin 2008, notre ami Michael Seibel nous a présentés à 7 gros investisseurs de la Silicon Valley. Nous essayions de lever 150 000 $ à une valorisation d'1,5 M$. Cela signifie qu'avec 150 000 $, vous auriez pu avoir 10 % d'Airbnb. Nous avons essuyé cinq refus. Les deux autres n'ont pas répondu, se souvient Brian Chesky.
> La prochaine fois que vous avez une idée et qu'elle est rejetée, repensez à ces emails », conclut l'entrepreneur.[1]

26

Airbnb n'est pas la seule start-up à avoir eu du mal à convaincre les investisseurs. Les fondateurs de Skype ont, eux, essuyé 26 refus ! Difficile d'imaginer aujourd'hui qu'un service aussi révolutionnaire – utilisé quotidiennement par des

1. Biran Chesky, *7 rejections*, juillet 2017, https://medium.com/@bchesky

millions de personnes à travers le monde – ait pu rencontrer autant de réticences de la part d'investisseurs. Pourtant, Niklas Zennstromm n'oublie pas ces débuts difficiles :

> « Souvent, vous êtes le seul à croire en ce que vous faites. Autour de vous, tout le monde vous dit : "Pourquoi tu n'abandonnes pas ? Tu ne vois pas que ça ne marche pas ?" Vous devez ensuite trancher : ont-ils raison ou ai-je raison ? Il a fallu un an pour lever des fonds pour Skype : nous sommes allés voir 26 sociétés de capital-risque différentes, en demandant 1,5 million d'euros et en étant prêts à céder un tiers de la société. Mais personne n'a voulu investir. »[1]

30

S'il y a bien un entrepreneur qui a dû prendre l'habitude de voir des portes se fermer devant lui, c'est Jack Ma. Que ce soit pour ses études ou ses recherches d'emplois, les choses n'ont jamais été simples pour le fondateur du géant du e-commerce chinois, Alibaba. Dans un entretien accordé à *Bloomberg*, il se souvient des nombreux rejets qu'il a dû digérer :

> « Il y a un examen pour les jeunes qui veulent entrer à l'université. J'ai échoué trois fois. J'ai beaucoup échoué. Donc, j'ai postulé pour 30 jobs différents et j'ai été refusé. J'ai postulé pour un poste dans la police, ils m'ont dit : "Vous n'êtes pas

1. David Rowan, « What I've Learned, by Skype's Niklas Zennstromm », *Wired*, juin 2010.

> bon." J'ai même essayé de travailler pour KFC quand il est arrivé dans ma ville. Vingt-quatre personnes avaient postulé. Vingt-trois ont été acceptées. J'ai été le seul recalé... »[1]

Ces 30 échecs n'empêcheront pas Jack Ma de réussir et renforceront, au contraire, sa détermination. L'entrepreneur est aujourd'hui milliardaire et l'un des hommes les plus riches de Chine. Une belle revanche vis-à-vis de ceux qui avaient douté de son potentiel.

51

C'est le nombre de jeux que Rovio, une société finlandaise spécialisée dans les jeux sur mobile, a développé avant de créer Angry Birds, la franchise qui fera sa fortune. Début 2009, l'entreprise est même au bord de la faillite. D'une cinquantaine d'employés quelques mois auparavant, l'entreprise n'en compte plus qu'une douzaine à cette époque.

Pourtant, en 2007 les fondateurs avaient vu juste en repérant dans la sortie de l'iPhone une opportunité à saisir et l'avènement d'un nouveau genre de jeux vidéos. Il faudra néanmoins attendre décembre 2009 pour que Angry Birds fasse son apparition dans l'App Store. La suite est connue : le jeu mobile deviendra l'un des plus populaires au monde. La 52e tentative sera finalement la bonne...

---

1. Charlie Rose, « Charlie Rose Talks to Alibaba's Jack Ma », *Bloomberg Businessweek*, janvier 2015.

60

Soixante, comme le nombre d'entretiens qu'il a fallu à Jeff Bezos pour lever son premier million de dollars. Si le géant de l'e-commerce fait aujourd'hui saliver beaucoup d'investisseurs, cela n'a pas toujours été le cas. Le fondateur n'a pas oublié le temps où ces derniers étaient loin de croire au potentiel de son site.

> « C'était en 1995 et la première question que me posaient les investisseurs était : "c'est quoi Internet ?" », se souvient Jeff Bezos.

Cherchant à lever 1 million de dollars, l'entrepreneur n'a pourtant pas d'autre choix que de faire preuve de pédagogie pour les convaincre que le Web va révolutionner le commerce dans les prochaines années. Pour parvenir à ses fins, ce dernier va même leur concéder 20 % du capital de son entreprise. Dans une interview accordée à Charlie Rose, le CEO admet volontiers que ce deal a fait – après coup – beaucoup d'heureux du côté des investisseurs, mais cette concession était selon lui indispensable :

> « Beaucoup de gens ont gagné beaucoup d'argent grâce à ce deal (rires). Mais ils ont également pris un risque, ils le méritent donc. J'ai dû faire 60 réunions pour lever 1 million $, auprès de 22 personnes, à environ 50 000 $ par personne. Et la frontière

> était mince entre ne pas réussir et réussir à lever cet argent. Donc, tout aurait pu se terminer avant même d'avoir commencé. »[1]

Si les success stories sont souvent mises en avant, il y a une chose que l'on dit moins : la plupart des entrepreneurs ont connu l'échec avant le succès.

1. John Cook, « Jeff Bezos had to take 60 meetings to raise $1 million for Amazon, giving up 20% to early investors », *GeekWire*, décembre 2013.

Tenez la barre

Pour Peter Thiel, la mission d'une entreprise est ce qui va la rendre unique et lui permettre d'attirer des talents. Lorsqu'il est à la tête de Paypal, l'entrepreneur est d'ailleurs très attentif à ce que les futures recrues partagent la même vision que les fondateurs.

> « Chez Paypal, si l'idée de créer une nouvelle monnaie numérique pour remplacer le dollar passionnait un candidat, cela nous donnait envie de dialoguer avec lui ; sinon c'est qu'il n'avait pas le rôle de l'emploi », explique-t-il.[1]

Steve Jobs se considérait lui-même comme un « gardien de la vision » de son entreprise. Dans un documentaire vidéo[2], le cofondateur d'Apple détaille sa pensée :

> « Les gens ont besoin d'une vision commune. Et c'est ça le Leadership, c'est avoir une vision. Être capable de l'exprimer clairement pour que les gens autour de vous la comprennent… et de créer un consensus autour de cette vision commune. »

Très attentif aux recrutements, l'entrepreneur accordait beaucoup d'importance à ce que les nouvelles recrues partagent la même vision. Andy Hertzfeld, l'un des ingénieurs ayant participé au développement du Macintosh dans les années 1980, se souvient des critères pour les premières embauches :

> « La partie critique, c'était quand on finissait par décider qu'on appréciait suffisamment [un candidat] pour lui montrer le

1. Peter Thiel, *De zéro à un*, JC Lattès, 2016, p. 165-166.
2. https://www.youtube.com/watch?v=IdpfI5SgMi8

> prototype Macintosh et l'asseoir devant. S'il disait seulement "C'est un ordinateur sympa", on ne le voulait pas. Nous voulions voir ses yeux briller et le sentir vraiment emballé ; alors nous savions qu'il ferait partie des nôtres. » [1]

Cette vision de l'entrepreneur est précisément ce qui va lui permettre de fidéliser ses salariés.

Pour l'investisseur Fred Wilson, seuls quatre facteurs peuvent empêcher les meilleurs talents d'aller chercher leur bonheur ailleurs : un leader charismatique, les valeurs et la culture de l'entreprise, son emplacement géographique et enfin sa mission. Il précise ce dernier point dans un billet publié sur son blog :

> « Les gens sont fidèles à une mission. J'ai vu des personnes super talentueuses accepter d'être rémunérées 2-3 fois moins que d'habitude parce qu'elles croient en ce pour quoi elles travaillent et pensent que cela fera une différence dans leur vie et celle des autres. Voilà pourquoi investir dans des sociétés ayant une mission peut conduire à de bons rendements financiers. [...] »

Facebook en est sans doute le meilleur exemple. Son fondateur, Mark Zuckerberg, n'a jamais été motivé par l'argent – il annoncera même fin 2015 vouloir céder progressivement 99 % des actions qu'il détient dans Facebook à sa fondation. Non, ce qui obsède le jeune entrepreneur, c'est avant tout

1. *Ibid.*

de mettre œuvre la mission qu'il s'est fixé avec Facebook : connecter le monde.

C'est cette vision pour le futur de sa plateforme qui le conduira à refuser une offre de rachat d'un milliard de dollars formulée par Yahoo en 2006. Si Peter Thiel, l'un des premiers à avoir investi dans le réseau social, ne ferme pas complètement la porte à cette option, « Zuck », lui, a une autre idée en tête. L'investisseur se souvient de la prise de parole du jeune entrepreneur au cours d'une réunion du conseil d'administration :

> « Bon, les gars, ce n'est qu'une formalité, cela ne devrait pas prendre plus de dix minutes. Nous ne sommes pas vendeurs, c'est évident. »[1]

Alors qu'il n'a jamais été aussi difficile pour une jeune start-up d'attirer et de conserver des talents – les profils les plus recherchés se voyant offrir des ponts d'or par les mastodontes du secteur technologique dans la Silicon Valley –, définir clairement la mission de l'entreprise ne doit pas être négligé.

> « Au plan des rémunérations et des avantages divers, vous ne pourrez sans doute pas rivaliser avec Google version 2014, mais si vous avez déjà de bonnes réponses concernant votre mission et votre équipe, vous *pouvez* être à la hauteur de Google millésime 1999 », précise Peter Thiel.[2]

1. Peter Thiel, *op. cit.*, p. 111
2. Peter Thiel, *op. cit.*, p. 168

CRÉEZ

votre *routine*

Que ce soit pour stimuler leur créativité ou productivité, la plupart des entrepreneurs à succès ont élaboré au fil des années leur routine personnelle. Des habitudes qu'ils respectent scrupuleusement :

- **Jack Dorsey médite 30 minutes au réveil** :

La routine matinale du cofondateur de Twitter et Square se décompose comme suit : réveil à 5 heures, séance de méditation de 30 minutes, et 3 séances de sport de 7 minutes chacune. L'entrepreneur s'autorise ensuite un café et démarre alors sa journée, qui ne finira que vers 23 h. Avant de reproduire le même rituel le lendemain matin.

- **Mark Zuckerberg porte tous les jours le même tee-shirt** :

Ceux qui ont déjà vu Mark Zuckerberg prendre la parole le savent bien : l'entrepreneur porte inlassablement le même tee-shirt gris. La raison ? Le patron de Facebook ne veut pas perdre du temps le matin à réfléchir à son style vestimentaire, préférant se concentrer sur les nombreuses décisions plus importantes qu'il doit prendre chaque jour. Pour l'intéressé, ces décisions « futiles » ne sont qu'une perte de temps et d'énergie. « Je dois prendre le minimum de décisions en dehors de celles qui servent la communauté Facebook »[1], explique-t-il.

---

1. Source : https://vimeo.com/111171647

- **Jeff Weiner se donne quotidiennement 30 à 120 minutes de temps libre** :

Le patron de LinkedIn a révélé les secrets de sa productivité : les cases vides visibles dans son agenda ! À ses yeux, enchaîner les réunions est tout sauf efficace. Le CEO se laisse entre 30 minutes et 2 heures de temps libre chaque jour. Ce temps, Jeff Weiner le met à profit pour rencontrer et coacher ses équipes, mais aussi pour réfléchir à des décisions stratégiques ainsi qu'à la mission de son entreprise. Pour lui, il s'agit là « du meilleur investissement que vous pouvez faire en vous-même »[1].

- **Travis Kalanick parcourt près de 65 kilomètres à pied par semaine** :

Le sport est une activité souvent pratiquée par les entrepreneurs, qui y voient un bon moyen de décompresser et de se changer les idées. Le patron d'Uber ne dira sûrement pas le contraire, lui qui marche près de 65 kilomètres par semaine ! Et il n'a pas besoin d'aller bien loin pour cela puisqu'il emprunte une piste de marche située près du siège d'Uber à San Francisco.

Développer une routine quotidienne est important pour stimuler productivité et créativité. Beaucoup d'entrepreneurs ont trouvé la leur. Quelle est la vôtre ?

---

1. Jeff Weiner, *The Importance of Scheduling Nothing*, avril 2013, www.linkedin.com.

Soyez économe

Si Jan Koum, cofondateur de WhatsApp, est devenu riche grâce à la vente de son application à Facebook, il n'en a pas toujours été ainsi.

Immigré ukrainien, il arrive aux États-Unis à l'âge de 16 ans, et le moins que l'on puisse dire est que la situation financière de la famille est loin d'être aisée. Jan n'oubliera pas cette époque qui aura une influence sur la manière dont il dirigera son entreprise par la suite. L'un des principes édictés par Jan Koum consiste par exemple à éviter les dépenses inutiles, lui qui connaît mieux que quiconque la valeur de l'argent.

Lorsque Mark Zuckerberg entre en discussion avec les fondateurs de WhatsApp pour en faire l'acquisition, il se trouve que Jan Koum a déjà réservé un billet d'avion pour se rendre à la conférence Mobile World de Barcelone où il fait partie des speakers. Ce billet, l'entrepreneur ne l'a pas payé : il a utilisé des miles pour l'avoir gratuitement. Seul hic, ce type de billet est généralement difficilement modifiable à la dernière minute. N'ayant aucune envie de perdre ce billet, Jan Koum pose alors un ultimatum à Mark Zuckerberg et à son équipe :

> « Si on ne finalise pas d'ici mercredi, cela ne se fera probablement jamais », raconte-t-il sur l'un des forums du site Flyertalk sous le pseudo « jkb76 » – attribué par plusieurs médias à Jan Koum.
> « J'avais évidemment pris ces billets plusieurs mois à l'avance – je préfère prendre l'avion en utilisant mes miles quand je peux économiser l'argent de la boîte »[1], precise-t-il.

Si la requête de Jan Koum peut prêter à sourire, considérant les sommes en jeu, il semble que Facebook ait pris sa demande au sérieux. Comme un symbole, l'entrepreneur signe le document de l'accord avec Facebook sur la porte des services sociaux de Mountain View, là où, plus jeune, il faisait la queue avec sa mère pour recevoir des bons alimentaires.

L'homme devient multimilliardaire suite au rachat de son application. Et, cerise sur le gâteau, il conservera son billet gratuit !

---

1. Source : http://www.flyertalk.com/forum/travel-technology/952359-thoughts-about-my-free-iphone-app-whatsapp-5.html#post22387891

le produit

Faites-vous

Hara-Kiri !

Dans une chronique publiée dans le JDN, le serial-entrepreneur et investisseur français Patrick Robin, dénonce l'attentisme des e-commerçants français face aux initiatives d'Amazon. Quelques jours avant la publication de cet article, le géant américain annonce le lancement d'Amazon Prime Now à Paris. Un nouveau coup dur pour le secteur du e-commerce français obligé de s'adapter une nouvelle fois à la locomotive Amazon et aux futurs nouveaux standards dictés par le géant du Web.

C'est précisément ce manque d'initiative et ce comportement de suiveur que fustige l'investisseur, reprochant aux e-commerçants français d'être constamment dans la réaction plutôt que dans l'action. Dans sa chronique, Patrick Robin a une formule toute trouvée pour résumer cette inertie de la part des entreprises : « encore un peu ».

Selon lui, ces trois mots suffisent à expliquer l'attitude de beaucoup d'entreprises, tous secteurs confondus, de constamment reporter l'innovation afin de profiter « encore un peu » de leurs anciens modèles. Avant bien sûr que la concurrence ne les mette devant le fait accompli. Le hic est que lorsque celles-ci se réveillent, il est parfois déjà trop tard pour réagir. L'entrepreneur en veut pour preuve Kodak, devenue le triste symbole des nombreuses sociétés à avoir raté le virage du numérique :

> « Durant 120 ans, l'entreprise de Rochester fut numéro 1 de la photographie. Ce que l'on sait moins, c'est qu'elle fut également dans les années 1970, une des toutes premières à déposer des

> brevets de photo numérique. Pourtant la société les garda bien sagement au coffre. Pourquoi ?
> Parce qu'ils n'y croyaient pas ? Parce qu'ils n'avaient pas su trouver le bon modèle économique ? Non bien sûr ! Ils ont juste voulu en profiter "encore un peu..." !
> Profiter "encore un peu..." de leur position (encore) dominante, profiter "encore un peu..." de leur rente de situation, profiter "encore un peu..." de ne pas avoir à affronter les actionnaires, et leur mentir... "encore un peu...". »[1]

Cet attentisme coûte cher à Kodak. Autrefois leader de son marché l'entreprise dépose le bilan en janvier 2012.[2]

1. Patrick Robin, « Amazon Prime Now sera la pierre tombale de nombreux distributeurs français », *Le Journal du Net*, juin 2016.
2. En 2014, la licence de la division photo de l'entreprise sera rachetée par JK Imaging.

Pas le premier, et alors ?

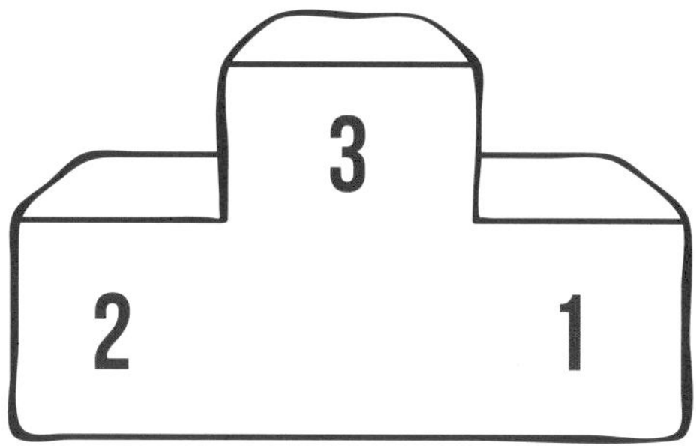

> « Lorsque nous avons créé Periscope, nous savions que nous n'étions pas les premiers », me confie Kayvon Beykpour, fondateur de Periscope.

Sur les dix dernières années, nombreuses sont les start-up à s'être lancées sur le créneau du live streaming. Justin.tv, Livestream ou encore Ustream pour ne citer qu'elles. En 2016, Facebook donne à son tour la possibilité à ses utilisateurs de pouvoir retransmettre des vidéos en direct avec son service Facebook Live. Sans compter que lorsque l'application de retransmission de vidéos en direct Periscope est rachetée par Twitter en mars 2015, une autre application similaire appelée Meerkat fait déjà le buzz à la conférence technologique SXSW au Texas.

> « Nous savions que nous aurions de la concurrence de la part de start-up mais aussi de grandes entreprises », me précise Kayvon Beykpour, avant d'ajouter que « ce qui importe avant tout, c'est de créer le meilleur produit afin que des gens aient envie de l'utiliser. »[1]

S'il est encore trop tôt pour prédire qui de Periscope ou Facebook Live gagnera la bataille du Live Streaming, cette dernière phrase du fondateur illustre parfaitement la seule chose qui compte dans l'univers des start-up : développer un meilleur produit que celui de la concurrence. L'histoire a en

1. Lire l'interview intégrale sur le JDN : http://www.journaldunet.com/media/publishers/1180109-kayvon-beykpour-periscope/

effet montré que le premier à attaquer un marché n'en devenait pas forcément le leader.

- **Airbnb**

Airbnb n'était pas la première plateforme sur le créneau de la location entre particuliers. Avant elle, VRBO, créée en 1995, proposait déjà aux internautes de mettre en ligne leurs annonces de location de maison de vacances. La start-up se fait racheter en 2006 par HomeAway – elle-même positionnée sur ce créneau de la location de vacances depuis 2005.

- **Facebook**

Les plus jeunes ne s'en souviennent peut-être pas, mais Facebook n'est pas le premier réseau social à avoir vu le jour. Avant lui, Friendster et MySpace avaient été fondés respectivement en 2002 et 2003. En France, le site de réseautage Copains d'Avant qui a vu le jour en 2001 permettait déjà de se connecter avec d'anciens camarades.

- **Apple**

Lorsqu'Apple annonce la sortie de l'iPod en 2001, des fabricants comme Archos ou Creative commercialisent déjà des modèles de baladeurs à disque dur[1].

1. La marque française Archos sort son Jukebox, un lecteur MP3 muni d'un disque dur, en 2000.

- **Yelp**

Le site Yelp n'est pas le premier à permettre de laisser des avis sur les restaurants et autres commerces locaux. Lorsqu'il se lance en 2005, Citysearch domine déjà le marché.

Et la liste pourrait encore continuer sur plusieurs pages...

Le point commun entre ces quatre exemples ? Toutes ces entreprises ont développé des services et produits plus performants et plus simples à utiliser. Elles ont retiré toutes frictions pour l'utilisateur et ont su tirer partie des dernières avancées technologiques à leur disposition. Enfin, et surtout, elles ont été capables de « scaler » – i.e croître – beaucoup plus rapidement que leurs concurrents.

Rédigez le *communiqué de presse* D'ABORD

Rédiger un communiqué de presse pour présenter un produit qui n'existe pas, une idée farfelue ?

C'est pourtant la méthode inventée par Amazon. Le géant de l'e-commerce exige de ses product managers de réaliser un communiqué de presse interne pour présenter les futurs produits sur lesquels ils travailleront. Le processus les oblige à imaginer la manière dont ses mérites seront vantés aux futurs consommateurs, pour se concentrer essentiellement sur sa réelle valeur ajoutée.

> « Si les avantages mis en avant n'ont pas l'air très intéressants pour les clients, alors peut-être qu'ils ne le sont pas (et ne devraient pas être proposés) », écrit Ian McAllister – qui a travaillé plusieurs années chez Amazon avant de devenir directeur produit d'Airbnb – sur la plateforme de questions/réponses Quora[1].

Aussi, comme le souligne avec raison l'ex-employé d'Amazon, il est beaucoup plus simple et moins coûteux d'apporter des modifications à un document texte qu'à un produit en construction. Autre bénéfice de cette méthode, le communiqué peut également être utilisé comme un outil permettant de suivre le développement du produit. Celui-ci tient-il réellement toutes les promesses énoncées à l'origine dans le document ? Aux yeux de Ian McAllister, c'est justement là tout l'intérêt de cette technique :

---

1. https://www.quora.com/Amazon-company-What-is-Amazons-approach-to-product-development-and-product-management

« Cela permet à l'équipe qui s'occupe du développement produits de rester concentré sur les avantages client et de ne pas travailler sur quelque chose qui n'a rien à voir, qui prend du temps pour être mis au point, qui demande des ressources et qui n'apporte pas de réel bénéfice au client (du moins pas assez pour justifier sa mention dans le communiqué de presse). »

IMAGINEZ-VOUS dans le fauteuil d'Oprah

Ian McAllister donne un autre conseil aux entrepreneurs et product managers : présenter leur produit comme s'ils étaient en face d'Oprah Winsley. L'influente présentatrice américaine est connue pour donner un véritable coup de boost aux produits qu'elle met en avant dans ses talk-shows. Le phénomène sera même nommé « l'effet Oprah »[1].

Pour l'ancien employé d'Amazon, cet exercice est particulièrement utile pour les entrepreneurs qui développent un produit destiné au grand public :

> « Imaginez que vous êtes sur le canapé d'Oprah et que vous venez de lui présenter votre produit, et qu'ensuite vous l'écoutez le présenter à son tour à son public », explique-t-il.

Cette démarche oblige l'entrepreneur ou le product manager à décrire la valeur ajoutée du produit de manière simple et concise. Tout langage compliqué ou technique est ici à bannir.

1. Regardée par des millions d'Américains, son émission « The Oprah Winfrey Show » se terminera en mai 2011.

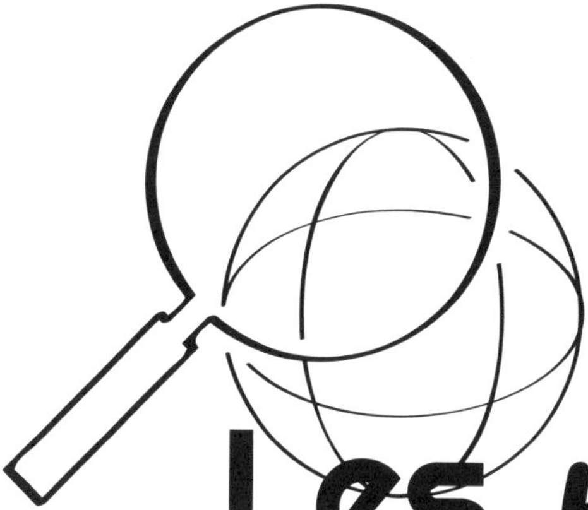

Les niches avant les masses

Si la plupart des grandes entreprises du Web proposent aujourd'hui des produits et services pour tous les publics, la réalité est que beaucoup d'entre elles ont démarré en ciblant une niche :

- **Facebook** est, à ses débuts, uniquement réservé aux étudiants de Harvard. Il n'est pas certain que le succès du réseau social eut été le même si Mark Zuckerberg avait décidé de développer une plateforme pour un milliard de personnes.
- Jeff Bezos adopte la même stratégie de niche lorsqu'il crée **Amazon**. Plutôt que de créer un site e-commerce généraliste, il préfère d'abord se concentrer sur une cible bien identifiée : les amateurs de livres. À cette époque, l'entrepreneur promet à ses clients de leur livrer n'importe quel ouvrage, et notamment ceux indisponibles chez leur libraire. Une

aubaine pour les amateurs de livres rares et ceux ne disposant pas d'une librairie à proximité ! Le patron d'Amazon attendra de devenir leader sur ce segment pour se diversifier.

- Même stratégie pour le site **Rap Genius** qui voit le jour en 2009. La plateforme dédiée à l'explication de textes se spécialise d'abord dans les paroles de musique Rap, avant de se rebaptiser Genius et de permettre l'annotation de tout type de textes, comme de la poésie ou de la littérature classique.

Bâtir un produit pour une niche offre l'avantage de mieux identifier les utilisateurs que l'on souhaite cibler, et notamment les fameux « early-adopters », généralement plus enclins à tester votre produit et faire votre publicité autour d'eux. Cette stratégie permet également d'éviter la concurrence directe des grandes entreprises, celles-ci ayant tendance à délaisser les petits marchés qu'elles jugent peu lucratifs. Aux yeux de l'investisseur Peter Thiel, c'est également ce qui explique pourquoi peu de plateformes sociales sont créées par des diplômés de MBAs :

> « [...] les marchés initiaux sont si étroits qu'ils n'apparaissent même pas comme des opportunités commerciales. »[1]

Pour ces raisons, l'investisseur admet préférer les entrepreneurs qui ont l'ambition de dominer des marchés plus petits à ceux qui veulent « conquérir 1 % d'un marché de 100 milliards de dollars »[2]. Un mauvais signal selon Thiel. À l'inverse, se concentrer sur une niche bien identifiée est généralement le meilleur moyen de dominer un marché.

---

1. Peter Thiel, *op. cit.*, p. 71-72
2. Peter Thiel, *op. cit.*, p. 76

Élargissez

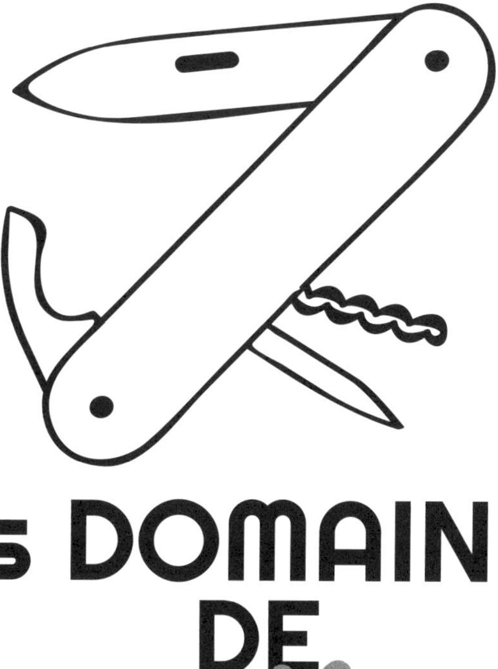

vos DOMAINES DE *compétence*

> « Nous voulons réunir des compétences que personne n'a réussi à combiner auparavant », m'explique Reed Hastings, PDG de Netflix[1].

Et si cette phrase résumait à elle seule l'un des secrets des start-up à succès ?

Au cours de cet entretien, le fondateur me précise qu'il souhaite que son entreprise excelle dans trois domaines : « le marketing, le produit/la technologie, et enfin le contenu ».

L'histoire de Netflix est plutôt singulière. La start-up se lance en 1998 avec un concept de location illimitée de DVDs, à l'époque envoyés par courrier. Elle évolue quelques années plus tard en une plateforme de vidéos à la demande, avant de passer encore une étape en se diversifiant dans la production de contenus. Certaines de ses productions ont d'ailleurs déjà été nominées ou ont remporté des récompenses lors de cérémonies comme les Golden Globes. Si ces récompenses ne comptent pas vraiment aux yeux du public, elles permettent à l'entreprise de se faire un nom dans le milieu cinématographique et d'attirer des gens du métier.

Mais ces contenus exclusifs donnent surtout un réel avantage à Netflix par rapport aux plateformes concurrentes. L'entreprise n'hésite d'ailleurs pas à s'en servir d'argument commercial alors même que Reed Hasting en conserve jalousement l'exclusivité :

---

1. Toutes les citations de Reed Hastings sont issues de l'entretien réalisé par l'auteur en 2016. Vous pouvez retrouver l'interview intégrale sur le JDN : http://www.journaldunet.com/media/publishers/1171696-reed-hastings-netflix/

> « Nous souhaitons en conserver la diffusion exclusivement sur notre plateforme pour renforcer l'idée qu'il existe un réel bénéfice à être membre de Netflix ».

Il faut dire que l'entreprise a la chance de posséder un trésor : la masse de données collectées grâce à ses millions d'abonnés. En analysant les visionnages de ces derniers, Netflix peut se vanter de connaître les goûts des cinéphiles du monde entier mieux que personne. Cet avantage concurrentiel lui permet de développer des contenus à succès en tenant compte des préférences des consommateurs.

Netflix n'est évidemment pas la seule entreprise à combiner différentes compétences : Apple en est également un bel exemple. Si la firme à la pomme excelle dans le développement produit, elle a aussi pendant longtemps surclassé ses concurrents dans des domaines comme le design et le marketing. Aux yeux du fondateur de Netflix, « cette supériorité dans ces domaines lui a donné un réel avantage vis-à-vis des entreprises technologiques concurrentes ».

John Sculley, ancien PDG d'Apple, va même plus loin. Celui-ci me confie « qu'Apple n'est pas une entreprise technologique, mais une entreprise de design ». Les produits de la firme de Cupertino sont en effet réputés être centrés sur l'expérience de l'utilisateur.

> « L'entreprise adopte et adapte la technologie pour la rendre belle ou invisible », me résume l'ex-dirigeant du géant californien.[1]

1. Lire l'interview intégrale sur le JDN : http://www.journaldunet.com/ebusiness/le-net/john-sculley-john-sculley-ex-apple.shtml

Certaines entreprises se sont, elles, spécialisées dans d'autres domaines, à l'image de Zappos qui s'est fait un nom avec son SAV de grande qualité. L'entreprise réussit à se distinguer des autres vendeurs de chaussures en ligne en mettant au coeur de ses préoccupations la satisfaction de ses clients. Autre exemple, celui du site de réservation d'hôtels Booking.com, dont la page d'accueil est considérée par certains comme l'une des plus persuasives au monde. Gillian Tans, sa PDG, m'explique que l'entreprise a développé au fil des années une véritable expertise dans le domaine de l'apprentissage automatique. « Les gens ne réalisent pas à quel point le Machine Learning fait partie intégrante de Booking.com et ce, depuis très longtemps. » Une expertise qui se retrouve à tous les niveaux de l'entreprise et qui lui permet de personnaliser l'expérience client, en recommandant par exemple à un internaute tel ou tel hôtel en fonction de ses intérêts.[1]

Ne pas se limiter à son cœur de métier, mais développer des compétences dans d'autres domaines est la clé pour déployer de véritables avantages compétitifs.

1. Lire l'interview intégrale sur le JDN : http://www.journaldunet.com/ebusiness/commerce/1180738-gillian-tans-pdg-de-booking-com/

Trouvez-vous UN *ennemi*

Lorsque Gabriel Weinberg lance son moteur de recherche DuckDuckGo (DDG) en 2008, il est tout à fait conscient qu'il n'est pas le premier sur ce marché : un certain Google règne déjà en maître.

Pour se démarquer, l'entrepreneur sait qu'il n'a pas d'autre choix que de capitaliser sur ses différences et de proposer une valeur ajoutée suffisamment forte s'il veut espérer changer les habitudes de millions d'internautes déjà accoutumés à la page d'accueil de Google. Pour cela, l'entreprise va exploiter les reproches souvent faits à Google, à commencer par celui concernant la collecte et le stockage de données. Le géant du Web en a effectivement besoin pour afficher ses publicités ciblées dans son moteur de recherche et ses autres services.

DuckDuckGo se positionne comme le moteur de recherche qui, lui, défend la vie privée de ses utilisateurs.

> Comme me l'explique Gabriel, « sur DDG les recherches sont totalement anonymes et nous n'enregistrons aucune donnée personnelle ».

Après les révélations de l'ancien employé de la NSA, Edward Snowden, cet argument prendra encore plus de poids et permettra même à l'entreprise de doubler son trafic.

La start-up adopte ainsi le slogan suivant, visible sur sa page d'accueil : « DuckDuckGo, le moteur de recherche qui ne vous espionne pas ». Cette différence avec le moteur de recherche de Google, la jeune pousse la revendique haut et fort. Elle va même en faire un des piliers de sa communication. En 2011,

DuckDuckGo débourse 7 000 dollars pour un panneau publicitaire géant sur lequel il est possible de lire « Google tracks you. We don't » (Google vous espionne. Pas nous).

> « Cette publicité avait pour objectif de définir qui nous étions et ce que nous faisions », m'explique Gabriel Weinberg.[1]

Le pari est réussi pour l'entreprise dont la publicité ne passe pas inaperçue. Des journalistes du magazine *Wired* relaieront l'information, imités par ceux du quotidien américain *USA Today* et de plusieurs autres médias. Autant de retombées presse qui permettront à DuckDuckGo de doubler son nombre de visites en l'espace de quelques jours.

Détail amusant, le panneau d'affichage était positionné aux abords de l'autoroute 101 à San Francisco, une route empruntée par tous ceux se dirigeant vers le siège de... Google.

1. Lire l'interview intégrale sur le JDN : http://www.journaldunet.com/ebusiness/le-net/1162705-gabriel-weinberg-duckduckgo/

l'ingéniosité

Adoptez l'esprit *Hacking*

Si le terme « hacking » peut parfois renvoyer une connotation négative, il n'en est pourtant rien. Voici la définition qu'en donne Wikipedia :

> « Dans un sens large, le "bidouillage" ou hacking concerne les activités visant à détourner un objet de sa fonction première. Le hacking a pour fonction de résoudre ou d'aider à résoudre des problèmes, et cela dans de nombreux domaines. »

Pour Tim Ferriss, auteur du best-seller *La semaine de 4 heures* et adepte du « Life Hacking », ce terme caractérise le fait de « trouver une solution alternative à un problème »[1]. Plus précisément, un hacker est celui qui va trouver une solution peu évidente, tout en consommant pas ou peu de ressources.

Cette question des ressources est importante. Dans le monde du Web, le terme « Growth Hacking » est même devenu à la mode. Lorsqu'une start-up se lance, celle-ci ne dispose bien souvent que de peu de ressources et doit donc se montrer créative pour trouver ses premiers utilisateurs. Elle va alors mettre en œuvre des techniques d'acquisition client peu onéreuses, « scalable », et dont elle va pouvoir mesurer les résultats.

Si les exemples de Growth Hacks sont légion, le plus célèbre d'entre eux est sans doute celui de Hotmail. Un mois après son lancement en 1996, le service gratuit d'emails compte 20 000 utilisateurs. Pour accélérer sa croissance, Hotmail a alors l'idée d'ajouter une phrase à la fin de chaque email envoyé par ses utilisateurs : « Ps : I love you. Get Your Free Email at Hotmail. » L'effet est spectaculaire puisqu'à peine 6 mois plus tard, la start-up totalise 1 million d'inscrits. Fin 1997, la jeune pousse est même rachetée par Microsoft.

Pour Ryan Holiday, auteur du livre *Growth Hacker Marketing*, le Growth Hacking est avant tout un « état d'esprit »[2]. Mais alors, comment un entrepreneur pourrait-il s'en inspirer ?

---

1. http://www.journaldunet.com/web-tech/start-up/tim-ferriss-tim-ferriss-la-semaine-de-4-heures.shtml
2. http://www.journaldunet.com/ebusiness/crm-marketing/1181682-ryan-holiday-growth-hacker-marketing/

Voici trois exemples montrant que cette mentalité peut être adoptée dans des situations très différentes :

1) Objectif : intégrer un incubateur

L'exemple de Jack Smith, jeune fondateur d'une start-up nommée Vungle, reste mon préféré. À l'été 2011, le jeune entrepreneur londonien entend parler, *via* le site TechCrunch, de l'ouverture prochaine d'un nouvel incubateur à San Francisco appelé AngelPad. Thomas Korte, le fondateur de l'incubateur, promet à toutes les jeunes pousses acceptées dans le programme un investissement de 120 000 dollars. L'offre séduit Jack Smith et son associé, Zain Jaffer, qui se fixent comme objectif de tout faire pour intégrer le programme. Le problème est qu'ils sont loin d'être les seuls à avoir l'idée d'y postuler. En à peine 8 heures, Thomas Korte a déjà reçu plus de 160 candidatures. Le cofondateur de Vungle comprend qu'il va devoir faire preuve de créativité s'il veut sortir du lot.

À cette époque, l'entrepreneur teste justement les nouveaux formats publicitaires du réseau social professionnel LinkedIn. Il remarque notamment que la plateforme propose des paramètres de ciblage extrêmement précis, permettant par exemple de viser les salariés d'une entreprise en particulier. Jack Smith décide donc d'utiliser cet outil pour cibler l'entourage du patron d'AngelPad. Il rédige la publicité suivante :

> « Vous connaissez Thomas Korte ? Alors merci de transmettre ce message à Thomas et à l'équipe de AngelPad. »

> « Si vous étiez sur LinkedIn ce jour-là, et étiez en contact avec Thomas Korte, vous pouviez voir la photo de Thomas sur le côté de l'écran, avec le message », raconte Jack Smith dans un billet publié sur le site The Hustle[1].

Après avoir cliqué sur l'annonce, l'internaute est redirigé sur une page Web où il lui est possible de visionner une vidéo de Jack et de son associé présentant leur start-up.

Douze heures après la publication de la publicité, les fondateurs de Vungle reçoivent un message de Thomas Korte : « J'ai vu la pub, vous êtes doués ! », écrit-il en leur proposant dans la foulée un entretien Skype. Jack Smith ne laissera évidemment pas passer cette opportunité, et à peine une semaine plus tard, Vungle recevra la confirmation de leur participation au programme. La start-up – que Jack a quittée depuis – deviendra une belle success story, avec plus de 25 millions de dollars levés et près d'une centaine d'employés. Une réussite bien aidée par la créativité de Jack Smith et par cette publicité LinkedIn qui n'aura coûté à l'entrepreneur que 1 cent !

2) Objectif : se faire embaucher par Airbnb

En 2015, Nina Mufleh, jeune étudiante en marketing à San Francisco, n'a qu'un rêve : décrocher un job chez Airbnb. Après avoir essayé plusieurs fois de contacter l'entreprise par les voies traditionnelles pour obtenir un entretien, Nina comprend que la tâche sera tout sauf aisée. Pour sortir du lot et attirer

---

1. Source : http://thehustle.co/the-linkedin-hack-that-made-me-120000

l'attention des recruteurs de l'entreprise, elle décide de créer un site Internet. Plus qu'un simple CV en ligne, Nina a l'idée de calquer le design de son site sur la page de profil des membres d'Airbnb[1]. Elle y met en avant ses compétences et son intérêt pour l'entreprise, mais surtout elle publie un rapport détaillé et chiffré sur l'activité d'Airbnb au Moyen-Orient, un marché qu'elle connaît bien.

L'initiative attire l'attention de plusieurs médias américains parmi lesquels *Business Insider* et le *Huffington Post*. Mieux encore, elle suscite l'intérêt de Brian Chesky, le CEO d'Airbnb. Ce dernier va même répondre à son appel du pied sur Twitter :

> @bchesky : (21 avril 2015) « @ninamufleh je suis en train de regarder ça. Très impressionnant :) »

Une semaine plus tard elle décroche enfin un entretien chez Airbnb ! Malheureusement pour Nina, sa candidature n'est pas retenue. Pour autant, toute cette énergie n'aura pas été vaine, loin de là. Outre les nombreux messages qu'elle recevra du monde entier, son initiative suscitera l'intérêt de plusieurs entreprises, dont Upwork, une start-up spécialisée dans le recrutement de freelances, qui l'embauchera.

3) Objectif : photographier le rappeur Kanye West

Célèbre photographe australo-américain, Nabil Elderkin peut se targuer de compter parmi ses modèles de nombreuses

1. Pour voir le CV de Nina : http://www.nina4airbnb.com/

célébrités, tel le rappeur et producteur Kanye West, qui fut l'un des premiers à passer devant l'objectif du photographe. À l'époque, la star n'en est pas encore une. Pourtant, en 2003 Nabil Elderkin repère déjà l'artiste, séduit par une mixtape qu'il vient d'écouter. Convaincu de son talent, il veut être le premier à le photographier.

Pour ce faire, il décide d'acheter le nom de domaine « www.kanyewest.com », remarquant que celui-ci est disponible à la vente. Trois semaines plus tard, Nabil Elderkin reçoit un appel du label Roc-A-Fella Records qui vient tout juste de faire signer un contrat au jeune artiste. Le studio veut connaître son prix pour récupérer le nom de domaine. Mais Nabil Elderkin ne veut pas d'argent. Il demande en échange de pouvoir photographier l'artiste en exclusivité. Le label accepte le deal : le photographe pourra prendre ses clichés.[1]

Jack Smith, Nina Mufleh et Nabil Elderkin ont tous les trois emprunté une voie peu conventionnelle pour atteindre leur objectif. Ils ne se sont pas laissés abattre par les obstacles sur leur route et ont fait preuve de créativité pour se frayer un autre chemin. Tous ont adopté la mentalité Hacking.

1. Richard Guilliart, « Shooting the breaks », *The Australian*, mars 2011.

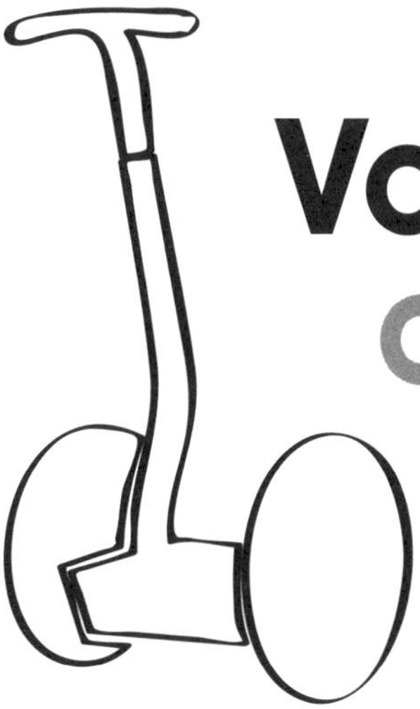

Vos *clients* ont PLUS d'imagination que VOUS

S'il ne semble pas évident au premier abord de trouver un point commun entre le Viagra et la pâte à modeler, il en existe pourtant un : leur usage actuel n'a rien à voir avec leur fonction d'origine.

Lorsque les fondateurs de la marque de pâtes à modeler Play-Doh créent, en 1930, la fameuse pâte tant plébiscitée par les enfants, celle-ci sert alors à nettoyer les murs et les papiers peints. Quant à l'histoire de l'invention du Viagra, elle est tout aussi originale. En réalisant plusieurs tests avec le Sildénafil – plus communément appelé Viagra – les scientifiques espèrent à cette époque trouver un remède pour traiter l'angine de poitrine, une maladie cardiaque. Si les effets de la substance sur les patients ne seront pas ceux escomptés, les hommes participant à cette étude notent tous une amélioration de leur vie sexuelle. La firme pharmaceutique Pfizer décide donc de repositionner le Viagra comme un médicament dédié au traitement de l'impuissance sexuelle et dépose un brevet en 1996.

Si la liste des inventions ayant été détournées de leur mission première est longue, le milieu technologique n'est pas en reste. L'histoire du Segway le prouve.

Alors que les gyropodes – véhicules électriques monoplaces – ont été au fil des années adoptés par les touristes du monde entier – et même parfois les forces de l'ordre –, peu savent qu'en réalité leur destinée était tout autre.

> « Le Segway est le résultat d'un produit d'ordre médical », m'explique son créateur, Dean Kamen[1].

1. Lire l'interview intégrale sur le JDN : http://www.journaldunet.com/ebusiness/le-net/dean-kamen-dean-kamen-deka-first-robotics.shtml

Ce dernier fait ici référence à l'iBot, une chaise roulante électrique permettant de monter des escaliers et dont la conception nécessitera près dix ans de travail. C'est en réutilisant la technologie développée pour l'iBot, notamment dans le domaine de l'équilibre dynamique, que Dean Kamen créera le premier transporteur personnel. Avec le Segway, l'objectif de l'inventeur était de redonner de la mobilité à ceux qui en étaient dépourvus, mais aussi de la dignité en leur permettant de se tenir à nouveau debout.

Ce détournement d'un produit ou service par sa communauté d'utilisateurs pour une fonction pour laquelle il n'avait pas été spécialement conçu n'est pas rare dans le milieu Software. En 2006, les fondateurs de Twitter pouvaient difficilement imaginer comment évoluerait le service qu'ils venaient de créer. Ils ne soupçonnaient probablement pas que, cinq ans plus tard, leur plateforme permettrait aux résidents d'une petite ville d'Andalousie de communiquer avec leur administration. C'est pourtant ce qui arrive en 2011 lorsque José Antonio Rodriguez, maire de Jun, demande à tous ses administrés de se créer un compte sur Twitter et les invite à se rendre à la mairie pour le faire vérifier. Dans cette petite commune espagnole, où les policiers portent leur nom d'utilisateur Twitter sur leurs uniformes, la plateforme de microblogage est devenue indispensable. Celle-ci permet par exemple de poser une question ou de signaler un incident aux autorités.[1]

---

1. Mark Scott, The Spanish Town That Runs on Twitter, *The New York Times*, juin 2016.

Du côté des créateurs de Skype, on n'imaginait sans doute pas que l'application équiperait un jour les prisons. Comme le révèle une enquête du magazine *Mic*, les visites en personne au parloir diminuent au profit des appels vidéo *via* Skype, notamment aux États-Unis où la pratique est courante dans près de 600 prisons.[1]

Pas certain non plus que Nick Woodman, fondateur de GoPro, s'attendait à ce qu'un jour l'une de ses caméras se retrouve attachée à une fusée pour photographier la Terre. En 2015, la société aérospatiale SpaceX enregistre pourtant la chute de son lanceur Falcon 9 vers la Terre en utilisant la célèbre caméra miniature.[2]

Votre produit ou service a peut-être des usages que vous ne soupçonnez pas. Ne mettez pas de barrières et laissez votre communauté d'utilisateurs se l'approprier. Leur imagination pourrait vous surprendre !

1. Jack Smith IV, « The End of Prison Visitation », *Tech.Mic*, 2016.

2. Voir la vidéo sur https://www.youtube.com/watch?v=4_sLTe6-7SE

POURQUOI *parlerait-on* de VOUS

lors d'un dîner ?

La start-up newyorkaise Rent the Runway se lance fin 2009 avec une idée prometteuse : louer des robes de designer, plutôt que de les acheter à un prix souvent exorbitant. Pourtant, à cette époque, l'une des craintes de Jennifer Hyman, la fondatrice et CEO, est que son concept ne génère pas de bouche-à-oreille. Comme elle le raconte en 2015 à l'occasion de la conférence SXSW, l'entrepreneure a peur que ses clientes n'avouent pas avoir loué leur robe lorsque quelqu'un leur fera un compliment sur leur tenue, et donc ne fassent pas la promotion du site autour d'elles. Heureusement, les craintes de Jennifer se révèlent infondées. En fait, c'est même exactement l'inverse qui a lieu : ses clientes n'ont aucune honte à dire que la robe ne leur appartient pas et qu'elles l'ont loué sur Rent the Runway ! En 2014, près de 95 % du business de l'entreprise est généré grâce au bouche-à-oreille de ses clientes.

Rent the Runway est évidemment loin d'être la seule start-up à avoir booster sa croissance grâce à ce phénomène. Il existe pourtant un point commun entre les entreprises qui réussirent à tirer parti du bouche-à-oreille : toutes suscitent des émotions chez leurs clients. Après tout, n'est-il pas dans la nature humaine de les partager avec son entourage ? Certaines start-up l'ont bien compris et ont ainsi façonné leur expérience utilisateur pour stimuler ce bouche-à-oreille :

- **Zappos** n'est pas un vendeur en ligne de chaussures comme les autres. L'entreprise peut se targuer de proposer un SAV hors du commun : téléconseillers joignables 24/24 h, durée illimitée des appels, réorientation des clients vers des sites concurrents si l'entreprise ne dispose pas d'un modèle en stock, etc. L'e-commerçant livre parfois ses clients les plus fidèles de nuit sans qu'ils s'y attendent. La manière dont Zappos traite ses clients tranche avec les pratiques de la concurrence, et l'entreprise peut compter sur eux pour passer le mot à leur entourage.

- **Uber** mise également sur une expérience « frictionless » pour générer du bouche-à-oreille. En tapotant quelques secondes sur son smartphone, l'utilisateur a la surprise de voir arriver une voiture luxueuse, et un chauffeur qui lui ouvre la porte. Là encore, l'expérience est inédite et en rupture avec ce que beaucoup ont pu expérimenter avec les taxis traditionnels. Uber amplifie ce phénomène avec différentes opérations, à l'image de sa journée « Uber Ice Cream » pendant laquelle l'entreprise propose de livrer des glaces gratuitement à ses clients.
- **Airbnb** s'est positionné sur un créneau naturellement propice au bouche-à-oreille : les voyages. L'ambition de l'entreprise est de favoriser les rencontres « authentiques » en permettant à ses membres de se loger et de partager des moments avec des locaux. Autant d'expériences et de souvenirs que l'on partage volontiers à son retour de vacances.
- **Shazam** est une application qui confère un pouvoir particulier à ses utilisateurs : celui d'identifier n'importe quelle chanson – ou du moins une grande partie – diffusée autour de soi. Qui n'a jamais été impressionné la première fois qu'il a observé l'un de ses amis réussir à identifier une chanson

passant à la radio simplement en sortant son smartphone ? Pour que la magie de Shazam opère, l'application doit être en fonctionnement pendant quelques secondes, et le téléphone situé non loin de la sortie audio. La publicité de l'application de reconnaissance musicale est ainsi directement assurée par ses utilisateurs, toujours prêts à sortir leur smartphone dès qu'une chanson inconnue est jouée autour d'eux. Le geste se popularisera, de même que le terme « Shazamer une chanson », accentuant un peu plus la renommée de l'application.

Générer cet effet viral est primordial pour une start-up qui se lance. Pensez aux différentes émotions que votre service ou produit suscite chez vos clients. Sont-elles suffisamment fortes pour être partagées lors d'un dîner entre amis ?[1]

1. Pour aller plus loin, vous pouvez lire également l'article suivant : https://medium.com/growth-engineering-notebook/designing-for-word-of-mouth-38fe915e94c7#.exbiw61ru

Résolvez le « chicken-and-egg PROBLEM »

En 2005, trois jeunes entrepreneurs américains lancent un site Web d'hébergement de vidéos appelé YouTube. Si la plateforme est aujourd'hui connue pour héberger n'importe quel type de vidéos, il n'en a pas toujours été ainsi. À cette époque, les fondateurs positionnent leur plateforme comme un site de rencontres, où chaque membre est invité à se présenter à travers une vidéo. Seul hic : personne ne publie de vidéo. La plateforme se retrouve bien vide.

Cherchant désespérément à remplir leur site avec du contenu, les jeunes fondateurs vont alors utiliser le site de petites annonces Craigslist pour y poster une offre d'emploi. Ils proposent à des femmes résidant à Los Angeles et Las Vegas de publier des vidéos sur leur site en échange de 20 dollars. Là encore, les fondateurs feront chou blanc puisqu'aucune ne donnera suite. Après ce nouveau revers, ils décident finalement de laisser leurs utilisateurs mettre en ligne tout type de vidéos, et ainsi d'utiliser le site à leur guise[1]. La stratégie se révèle payante. Certains y postent des vidéos de leurs vacances, d'autres de leurs animaux de compagnie. Bref, YouTube prend enfin vie ![2]

Les débuts de YouTube sont révélateurs d'un problème souvent rencontré dans le monde des start-up au stade de leur lancement, et plus particulièrement par les plateformes qui doivent s'adresser à deux catégories d'utilisateurs pour que leur concept fonctionne. En effet, comment attirer des utilisateurs vers un site encore vide ? Et inversement, comment motiver des créateurs de contenus à en produire si l'audience est inexistante ? Si en français, on parlerait certainement du « serpent qui se mord la queue », dans le langage start-up cette équation difficile à résoudre porte un nom : le « chicken-and-egg problem ». Cette expression fait ici référence au fameux dilemme consistant à savoir qui de la poule ou de l'œuf est apparu en premier.

La plateforme d'avis Yelp a été confrontée à cette même problématique à ses débuts. Pour que le site attire des visiteurs,

1. Pendant longtemps, le slogan de l'entreprise sera « Broadcast Yourself ».
2. Jason Koebler, « 10 Years Ago Today, YouTube Launched as a Dating Website », *Motherboard*, avril 2015.

il lui faut des avis en quantité et bien sûr en qualité. Mais pour que le site obtienne ces avis, il lui faut surtout des utilisateurs prêts à les écrire. Pour se développer en dehors de San Francisco, son premier marché, la start-up va adopter une démarche similaire à celle de YouTube en décidant de payer pour la rédaction d'avis. Mais, comme pour la plateforme d'hébergement de vidéos, l'expérience n'est pas un succès. En résulteront des avis de faible qualité, écrits « par des gens qui n'avaient pas grand-chose à faire de Yelp », résume Jeremy Stoppelman, son CEO[1]. Celui-ci change donc son fusil d'épaule et décide de se focaliser sur sa communauté d'utilisateurs. Pour les inciter à se montrer plus prolifiques, il donne à Yelp une dimension sociale qui n'existe pas, ou peu, sur les plateformes concurrentes. Contrairement aux autres sites, les utilisateurs de Yelp ont tous leur page profil avec leur photo, un peu comme sur un blog. Tous les avis apparaissent ainsi accompagnés de la photo du rédacteur, limitant l'impression d'anonymat.

Yelp permet également à ses membres d'évaluer des avis écrits par d'autres. Cette fonctionnalité a pour effet d'inciter les utilisateurs à rédiger des évaluations de qualité et à en écrire davantage. Pour les motiver encore un peu plus, la plateforme va même leur attribuer un statut particulier, celui de membres « Elite ». Une fois obtenue, la distinction offre plusieurs avantages comme celui de recevoir des invitations pour des événements exclusifs, organisés par le community manager local.

1. Source : http://bits.blogs.nytimes.com/2008/05/12/why-yelp-works/

Grâce à cet aspect social, le site s'est progressivement enrichi avec des évaluations de qualité, lui permettant d'attirer toujours plus de visiteurs. Mieux, Yelp a réussi à créer une certaine addiction à sa plateforme, de nombreux utilisateurs rédigeant gratuitement ces avis sur leur temps libre, simplement pour leur satisfaction personnelle.

Il n'existe malheureusement pas de recette miracle pour résoudre le « chicken-and-egg problem » souvent rencontré par les plateformes à leurs débuts. Cibler deux catégories d'utilisateurs différentes n'est jamais simple. Une solution souvent adoptée par les créateurs de start-up consiste à réduire l'accès à leur plateforme en démarrant d'abord avec une « private beta », à savoir une version non publique. Cette méthode permet de donner progressivement vie à la plateforme avant de la rendre disponible à tous.

Autre stratégie, beaucoup de fondateurs n'hésitent pas à faire vivre eux-mêmes leur plateforme à leurs débuts, en utilisant différentes approches :

- Les fondateurs d'Airbnb listeront leur appartement sur leur plateforme de location entre particuliers.
- En 2005, les créateurs de Reddit inonderont leur site de contenus en utilisant de faux noms d'utilisateurs.
- Ceux de Quora publieront et répondront eux-mêmes aux questions afin de donner vie à leur plateforme de questions/réponses.

Ne jetez **PAS**

VOS CRÉATIONS

à la poubelle :

recyclez-les

Si FlickR est connue pour être une plateforme dédiée au partage de photos, le projet initial de ses créateurs était pourtant bien éloigné de cette idée. Leur aventure entrepreneuriale démarre en fait avec la création d'un jeu multijoueur appelé « Game Neverevending ». Malheureusement – ou heureusement –, celui-ci ne connaît pas le succès espéré. L'entreprise effectue alors ce qui est communément appelé dans l'univers des start-up un « pivot » afin de réorienter son produit. Le changement de stratégie donne naissance au célèbre site de partage de photos.

Pourtant, comme me l'explique Stewart Butterfield, l'un des cofondateurs, la start-up ne repart pas de zéro pour créer ce site :

> « Nous avons décidé de créer FlickR car c'était quelque chose que nous pouvions faire assez facilement en nous appuyant sur la technologie que nous avions déjà développée. »

Si, contrairement à ce qui a été souvent écrit, la fonctionnalité de partage de photos n'a jamais fait partie intégrante du jeu Neverending, l'entreprise réutilisera bien une partie des serveurs et du code développé à l'origine pour le jeu afin de créer FlickR.[1]

---

1. Lire l'interview intégrale sur le JDN : http://www.journaldunet.com/solutions/cloud-computing/1150614-slack-permet-a-tous-les-services-que-vous-utilisez-de-fonctionner-ensemble/

Après le rachat du site par Yahoo en 2005, Stewart Butterfield ne se repose pas sur ses lauriers et cofonde une autre entreprise. Il développe fin 2013 une plateforme dédiée aux communications en entreprise appelée Slack, dont l'histoire est assez similaire à celle de FlickR. Le projet voit en effet d'abord le jour sous la forme d'un jeu en ligne multijoueur appelé Glitch. Mais, comme pour Neverending, le succès ne sera pas au rendez-vous, conduisant l'entreprise à mettre un terme au projet un an après son lancement. Pour autant, tout ne sera pas mis à la poubelle. Car pendant qu'elle travaille sur Glitch, l'équipe de Tiny Speck – du nom de l'entreprise à l'origine du jeu – développe également un système de chat interne basé sur une technologie assez ancienne appelée IRC (Internet Relay Chat). Ce protocole de communication textuelle a notamment l'avantage de faciliter les discussions de groupes et leur archivage. Ainsi, un employé qui rejoint l'entreprise a immédiatement accès à tous les fichiers, conversations et liens partagés par ses nouveaux collaborateurs, et à l'historique. Les cofondateurs et employés de Tiny Speck, répartis entre les États-Unis et le Canada, sont nombreux à utiliser ce système pour communiquer. « Tout le monde utilisait IRC dans l'entreprise », se souvient Stewart Butterfield.

L'entrepreneur a alors l'idée de transformer cette technologie développée pendant la création du jeu en un outil de communication pour les entreprises. Le concept de Slack est né ! L'équipe capitalise aussi sur l'expérience qu'elle a acquise dans le secteur des jeux vidéo pour rendre son produit plus

« user friendly », loin du design souvent austère des plateformes destinées au monde de l'entreprise. Son ergonomie, sa simplicité d'utilisation et sa capacité à fonctionner avec d'autres applications existantes permettent à Slack d'être rapidement adoptée par les entreprises. Chez certaines, les emails internes sont même complètement remplacés par Slack. Avec ce pivot, Stewart Butterfield voit donc une nouvelle fois juste. En avril 2016, Slack est valorisée près de 3.8 milliards de dollars ![1]

Comme Stewart Butterfield, ne jetez pas toutes vos créations à la poubelle en cas d'échec. Devenez adepte du recyclage !

1. Dan Primack, « Slack Raises $200 Million at $3.8 Billion Valuation », *Fortune*, avril 2016.

SIMPLE comme un email

Qui ne possède pas d'adresse email de nos jours ? Moins personnel que le numéro de téléphone et utilisé dans le monde entier, l'email est le moyen de communication privilégié des entreprises pour s'adresser à des clients ou prospects. Si celles-ci l'utilisent essentiellement pour envoyer de l'information et des promotions – avec son lot de messages pas toujours « désirables » –, certaines start-up ont eu l'idée d'inventer de nouveaux concepts autour de l'email.

C'est par exemple la démarche de A Song A Day, une start-up new-yorkaise qui envoie chaque jour à ses abonnés une nouvelle chanson à découvrir, en lien avec leurs goûts musicaux. En utilisant l'email pour toucher ses clients, l'entreprise se concentre ainsi sur sa valeur ajoutée : la recommandation personnalisée de musique. Car la force de son concept est que toutes les chansons sont sélectionnées par des personnes et non des algorithmes. « De la musique envoyée chaque jour par des humains, et non des robots, dans votre boîte email » revendique la start-up sur son site.[1]

Si créer un site Web ou une application mobile est un processus souvent long et coûteux, envoyer un email ne nécessite aucun investissement particulier. Rapide et simple à mettre en place, distribuer son service *via* email permet également de tester rapidement une idée tout en se concentrant sur la valeur ajoutée de son concept plutôt que sur le développement d'une infrastructure. C'est également un bon moyen de tisser rapidement une relation de proximité avec ses abonnés, et donc avec de potentiels futurs clients.

Certains projets connus du Web français ont démarré sous la forme d'une simple newsletter avant de devenir de véritables business. Qui n'a par exemple jamais entendu parler de MyLittleParis ? Avant de rassembler de nombreuses lectrices, la newsletter consacrée aux bons plans créée par Fany Pechiodat en 2008 est à l'origine seulement envoyée à une cinquantaine de personnes de son entourage. Véritable amoureuse de Paris, cette dernière adore partager avec ses amis les bonnes adresses qu'elle déniche au sein de la capitale française. Le bouche-à-oreille fait rapidement son effet puisqu'à peine six mois plus tard, sa newsletter dénombre près de 10 000 abonnés ! Cet engouement pousse Fany à quitter son confortable emploi

1. http://www.asongaday.co/

dans une grande entreprise de cosmétique française pour se consacrer entièrement à son projet. Le fait que sa newsletter n'ait pas encore généré le moindre euro de chiffre d'affaires ne l'effraie pas. L'intuition de l'entrepreneure sera bonne puisqu'à peine quelques années plus tard, MyLittleParis génère d'importants revenus, notamment grâce à la publicité et à la commercialisation de box. En 2013, la jeune pousse se fait même racheter par le groupe Aufeminin.com.

L'histoire de MyLittleParis n'est pas un cas isolé. D'autres entrepreneurs ont également démarré en envoyant des emails, avant de voir plus grand :

- **ProductHunt** est une plateforme qui permet de découvrir des produits intéressants – software, hardware et autres objets – grâce aux votes de sa communauté. Si ProductHunt dispose aujourd'hui d'un site et d'une application mobile, le projet voit d'abord le jour sous la forme d'une newsletter.

  > « Il s'agissait à l'origine d'une sélection de produits qui était envoyée par email à une poignée d'abonnés », m'explique Ryan Hoover, son fondateur.

  Trois semaines plus tard, suite à de nombreux retours positifs, un site Web est créé pour permettre à d'autres membres de voter et soumettre leurs produits coup de cœur.[1]
- Le célèbre site américain de petites annonces **Craigslist** démarre lui aussi avec un bulletin d'informations envoyé

1. Lire l'interview intégrale sur le JDN : http://www.journaldunet.com/ebusiness/le-net/1178173-ryan-hoover-product-hunt/

par email. Se sentant isolé à son arrivée à San Francisco en 1995, Craig Newmark a l'idée de créer une newsletter pour informer d'autres personnes, dans la même situation que lui, des différents événements locaux.

- Cofondée par deux amies new-yorkaises, **theSkimm** est une newsletter lue quotidiennement au réveil par des millions d'abonnées. Simple, facile à lire et court, le bulletin d'informations cible majoritairement les femmes. Elles sont près de 3,5 millions dans le monde – en mai 2016 – à lire chaque jour les nouvelles et autres bons plans rédigés avec humour par l'équipe de theSkimm. Parmi elles, se trouvent même quelques célébrités à l'image de la présentatrice Oprah Winfrey ou encore de Michelle Obama. La start-up s'est depuis diversifiée et a lancé une application *via* laquelle elle propose un abonnement mensuel.

CRÉEZ des cercles *vertueux*

Créée en 2013, La Belle Assiette est une des belles réussites du Web à la française.

La start-up se fait connaître grâce à son concept de réservation de prestations de chefs cuisiniers à domicile, avant de se diversifier dans la livraison de produits traiteur. Pour ces deux activités, La Belle Assiette joue un rôle d'intermédiaire, utilisant sa plateforme pour mettre en relation chefs et traiteurs avec des clients potentiels et prenant au passage une commission sur les transactions. La valeur ajoutée de la start-up se situe dans la sélection des partenaires. En clair, l'entreprise se positionne comme un tiers de confiance garantissant la qualité des prestations référencées sur sa plateforme. Et pour ce faire, La Belle Assiette n'a d'autres choix que de tester un par un tous les chefs cuisiniers désirant collaborer avec elle.

Si pendant les premiers mois d'activité, la start-up se charge elle-même de goûter les plats des chefs cuisiniers, très vite, elle fait face à un manque de moyens. En 2014, celle-ci commence en effet à croître trop vite et il lui est de plus en plus difficile de faire déplacer ses équipes à travers le pays pour organiser ces tests.

> « Lorsque les chefs étaient peu présents et en région parisienne nous pouvions le faire nous-mêmes, ensuite nous avons eu un véritable challenge d'innovation », se souvient Stephen Leguillon, cofondateur et CEO.

En effet, comment faire pour tester des centaines, voire des milliers de chefs cuisiniers à travers toute l'Europe ?

> « Si nous avions fait déplacer nos équipes à chaque fois, cela nous aurait coûté une fortune », m'explique l'entrepreneur.

La start-up a alors une idée : envoyer d'autres personnes tester ces chefs cuisiniers à sa place ! Pour cela, elle invente les « dîners de validation » pendant lesquels un jury composé de huit personnes va évaluer un chef sur plusieurs critères, à commencer bien sûr par sa cuisine.

« Nous avons démarré en invitant des gens de notre entourage », se souvient Stephen Leguillon, qui avoue n'avoir pas rencontré trop de difficultés à trouver des volontaires pour un dîner gratuit. Afin de favoriser le bouche-à-oreille, la start-up développe à cette époque une technique efficace : chaque invité participe gratuitement au dîner à condition de fournir six emails de son réseau personnel. Ces contacts sont ensuite ajoutés à une newsletter qui les invite, à leur tour, aux prochains dîners. Grâce à ces nombreuses introductions, la start-up se constitue rapidement une base d'utilisateurs importante, ce qui lui permet de tester en un temps record des centaines de chefs dans toute la France. Au bout d'un certain temps, La Belle Assiette compte plus de testeurs qu'elle n'organise de dîners, ce qui la conduira à les rendre payants.

Mais l'entreprise ne va pas se contenter de faire de ces dîners un simple test, elle va les transformer en une opération multi-usage au service de sa croissance et de sa notoriété. Pour cela, elle sélectionne très intelligemment les huit membres du jury, dont trois sont des experts en gastronomie. Parmi eux, des restaurateurs, critiques culinaires mais aussi d'autres chefs déjà testés et référencés sur la plateforme.

> « Il nous fallait d'abord un niveau d'expertise pour pouvoir juger de la qualité des plats », justifie Stephen Leguillon.

Et La Belle Assiette ne limite pas ce jury à des professionnels de la gastronomie : elle permet à n'importe qui d'y participer ! L'entreprise donne ainsi la possibilité à ceux qui le souhaitent, ou qui n'ont parfois pas les moyens de payer, de tester son service.

> « Nous observons un mélange entre des personnes qui sont déjà clientes et d'autres qui découvrent le service », précise Stephen Leguillon.

Pour cela, il suffit de s'inscrire sur le site Internet. Les participants ont alors le choix : ils peuvent soit payer 15 euros, soit venir gratuitement à condition d'être hôte du dîner et d'accueillir ainsi l'ensemble des convives chez eux. Un autre avantage pour la start-up donc, puisqu'elle n'a pas besoin de réserver de lieu pour le dîner.

Mais celle-ci réalise rapidement que ces dîners de validation sont aussi un bon moyen de générer du bouche-à-oreille. Après tout, qui ne raconterait pas à son entourage qu'il a été invité à un dîner pour jouer le rôle d'un critique gastronomique ? Mieux, La Belle Assiette y voit une bonne occasion de faire parler d'elle dans les médias à moindre frais. Après les experts en gastronomie et le grand public, la start-up ajoute donc un troisième pôle à son jury : les médias. Blogueurs, journalistes et autres influenceurs sont ainsi invités, gratuitement, à jouer les juges culinaires d'un soir. En retour, l'entreprise espère qu'ils parleront d'elles sur le Web. Et les résultats prouvent que l'idée était bonne : « Nous obtenons en moyenne un taux de transformation de 40 % », précise le fondateur de La Belle Assiette, ajoutant que les mentions obtenues suite à ces dîners sont très variables, pouvant aller d'une simple photo publiée sur Instagram à un article de blog. En conviant gratuitement la presse ainsi que des personnalités influentes sur les réseaux sociaux, la start-up a donc l'idée de génie de transformer ses dîners de validation en véritable opération de communication !

La Belle Assiette n'attend pas seulement de ces influenceurs qu'ils produisent du contenu, elle envoie à chaque dîner un photographe freelance qu'elle rémunère et dont le rôle est de photographier les plats du futur chef. Ces images apparaîtront automatiquement sur la page profil de ce dernier. À lui désormais de réussir son dîner de validation pour espérer démarrer son activité sur la plateforme. Le reste des photos prises pendant le dîner servira à alimenter les réseaux sociaux. Là encore, le cercle vertueux est parfait !

Si beaucoup de chefs cuisiniers sont à temps partiel, d'autres ont fait de leur activité sur La Belle Assiette leur source de revenus principale. Les dîners de validation sont devenus pour certains professionnels un véritable rite de passage à ne pas manquer, au même titre qu'un diplôme. Mais ce qui rend surtout fier le cofondateur de La Belle Assiette, c'est d'avoir réussi à développer un véritable esprit communautaire. Ils sont un peu moins de 5 000 à faire partie de cette communauté de jury, – dont certains ont même parfois participé à plus d'une vingtaine de dîners – et à se considérer comme de véritables garants de l'image de marque de l'entreprise.

> « Les gens qui viennent à ces dîners veulent vraiment contribuer à cette sélection pour s'assurer de la qualité des prestations », précise Stephen Leguillon.

Aux yeux du chef d'entreprise, ces dîners de validation ont sans aucun doute contribué au succès de l'entreprise car ils ont permis de générer de la confiance dans la marque.

> « Les chefs représentent 95 % des points de contact avec le client », insiste le patron de La Belle Assiette, qui les considère comme « de véritables ambassadeurs de la marque ».

Si sélectionner les chefs cuisiniers était primordial pour l'entreprise, celle-ci a réussi à transformer un simple test de compétences en une opération multiusage. En organisant ces tests à grande échelle et à moindre coût, La Belle Assiette a ainsi pu « scaler » rapidement son activité. Mieux, elle en a fait une véritable opération de communication destinée à favoriser le bouche-à-oreille et des parutions dans la presse.[1]

---

1. Entre 2014 et 2016, un peu moins de 1 000 dîners ont été organisés dans toute l'Europe. S'ils sont désormais moins nombreux en France – l'entreprise ayant suffisamment de chefs référencés – ces dîners de validation restent quotidiens dans les nouveaux marchés où la start-up est implantée, notamment outre-Rhin et outre-Manche. Forte de son succès et de son expérience, La Belle Assiette a même adopté le concept pour évaluer ses prestataires traiteurs, le rebaptisant « prestation de validation ».

LES « DÎNERS DE VALIDATION »
L'OPÉRATION MULTIUSAGE IMAGINÉE PAR :

LA BELLE ASSIETTE

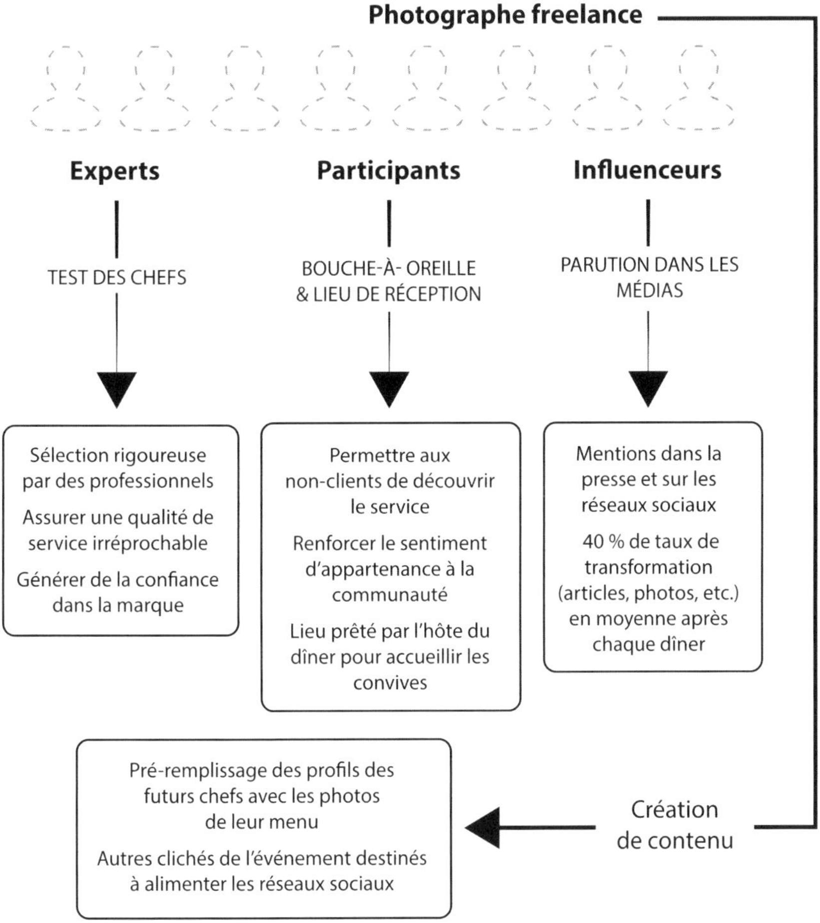

***Près de 1000 dîners organisés entre 2014 et 2016 à travers l'Europe**

le lancement

Devenez

maître

DE VOTRE

TERRITOIRE

« *Think global, act local* », comme dirait l'autre. Avant de penser à dominer le monde, la plupart des start-up ont commencé par dominer leur marché. Elles ont démarré localement avant de s'étendre progressivement à d'autres villes et pays.

Si Jeremy Stoppelman ambitionne de créer la plus grande plateforme d'avis pour évaluer les commerces locaux, il est conscient que le plus efficace sera de concentrer ses efforts sur une seule zone géographique. Le cofondateur de Yelp va donc d'abord chercher à faire connaître sa plateforme à San Francisco :

> « On n'a pas récolté beaucoup d'argent, seulement 1 million $ pour démarrer. Nous nous sommes concentrés sur le marketing et la manière de rendre le site utile à San Francisco seulement. Nous nous sommes dit que ce modèle de développement pouvait être le bon en s'inspirant de Craigslist, qui a commencé dans la région de la Baie, puis s'est développé ville après ville », explique-t-il dans *Newsweek*.[1]

Cette approche locale est également la marque de fabrique d'Uber. Si la start-up démarre elle aussi à San Francisco, où sa stratégie reposera sur le bouche-à-oreille, elle va ensuite s'étendre méthodiquement ville après ville. Après son lancement à San Francisco en juin 2010, le service devient disponible à New York, en mai 2011. Comme l'explique Travis Kalanick, CEO et cofondateur, cette approche locale a joué un rôle clé dans le développement d'Uber :

1. « My Big Break: Yelp's Jeremy Stoppelman », *Newsweek*, octobre 2009.

> « Être local et parler local est important quand vous êtes dans le transport pour montrer que vous savez comment fonctionne la ville. »[1]

Si beaucoup de start-up américaines Web se lancent dans la baie de San Francisco ou à New York, il existe des exceptions. Groupon propose par exemple son premier deal à Chicago : des pizzas à moitié prix ! Andrew Mason, son fondateur, n'a d'ailleurs pas besoin d'aller bien loin pour trouver son premier client. Celui-ci n'est autre que la pizzeria située au premier étage de l'immeuble de son entreprise.

De son côté, l'application de rencontres Tinder voit le jour à Los Angeles. Ses fondateurs sont parfaitement conscients que pour que des rencontres puissent se faire entre utilisateurs, il est impératif que ceux-ci ne se trouvent pas trop éloignés géographiquement. Une approche locale est ici indispensable : mieux vaut un plus petit nombre d'utilisateurs rapprochés que beaucoup dispersés aux quatre coins des États-Unis. Les jeunes entrepreneurs vont alors avoir l'idée de concentrer leurs efforts sur les campus universitaires. En commençant par le leur : USC. Pour attirer leurs premiers utilisateurs, ils ont la bonne idée de cibler les étudiants les plus influents, le plus souvent issus des célèbres fraternités étudiantes. Des jeunes jugés « cool » dont la seule venue sur l'application permet d'en convaincre d'autres à s'inscrire. Une méthode que Tinder va dupliquer, campus après campus. Résultat : à ses débuts, 90 % des utilisateurs de

1. Nicole Carter, « How Uber Taxi Rolls Out City by City », *Inc.*, avril 2012.

l'application ont entre 18 et 24 ans ! La stratégie de développement de Tinder se révélera payante et le bouche-à-oreille efficace, puisqu'après 17 mois de croissance, seuls 50 % des célibataires qui utilisent l'application se trouvent dans cette tranche d'âge.[1]

1. Laura Stampler, « Inside Tinder: Meet the Guys Who Turned Dating Into an Addiction », *Time*, février 2014.

N'ayez pas les YEUX plus gros que le VENTRE

Quelques années avant Tinder, Facebook adopte une stratégie assez similaire à celle de l'application de dating. Le réseau social naît sur le campus d'Harvard et va petit à petit se propager dans d'autres universités américaines. La plateforme se rend disponible pour d'autres étudiants. À la différence des autres réseaux sociaux de l'époque, les identités sont ici toutes vérifiées et il est impossible de s'inscrire si on ne possède pas une adresse email étudiante. Comme le raconte Ekaterina Walter dans son livre *La Méthode Facebook* (First Éditions, 2013), la stratégie de l'entreprise pour s'étendre à d'autres campus est en réalité bien calculée et vise à ne laisser aucune chance aux réseaux sociaux concurrents :

> « Même si Myspace (avec plus de 5 millions d'utilisateurs en 2004) apparaissait à l'époque comme le principal concurrent de Facebook, Zuckerberg se souciait davantage de la concurrence des autres étudiants. Il avait vu les réseaux locaux semblables au sien fleurir de-ci de-là sur divers campus. Il élabora alors une stratégie pour établir la domination universelle de Facebook. Lorsqu'un réseau donné prospérait dans une école, Facebook se rendait accessible non seulement dans cette école mais dans toutes les écoles voisines, créant ainsi une pression interréseaux qui favorisait Facebook par rapport à ses concurrents. Malgré son jeune âge, le fondateur de Facebook fit preuve très tôt d'une véritable approche stratégique dans ses raisonnements sur la croissance de son entreprise. » (p. 173)

Ekaterina Walter raconte également comment le jeune patron est, à cette époque, obsédé par les performances techniques de sa plateforme. S'il veut que son réseau social soit utilisé par le plus de monde possible, cette croissance ne doit pas se faire à n'importe quel prix, et surtout pas au prix de la performance. En effet, Zuckerberg ne veut pas que Facebook connaisse le même sort que Friendster, un réseau social concurrent, qui avait été peu à peu délaissé par ses utilisateurs notamment à cause de ses défaillances techniques :

> « Même s'il se sentait transporté par la demande croissante sur son site (il y avait une liste d'attente d'écoles qui désiraient être ajoutées à Facebook), il voulait grandir de manière stratégique. Sa façon d'intégrer de nouvelles écoles était très réfléchie. Il ralentit délibérément le processus consistant à satisfaire la demande afin de permettre à son produit et à ses serveurs de gérer l'affluence d'utilisateurs. Si la capacité des serveurs atteignait son maximum et qu'il n'eût pas les capacités financières d'en ajouter d'autres, il se contenterait d'attendre. » (p. 170)

Si Facebook a réussi à dominer le monde, le réseau social a d'abord gagné la bataille des campus universitaires américains, tout en ralentissant parfois son expansion lorsque nécessaire. Mark Zuckerberg ne voulait pas croître à n'importe quel prix.

TRANSFORMEZ vos *clients*

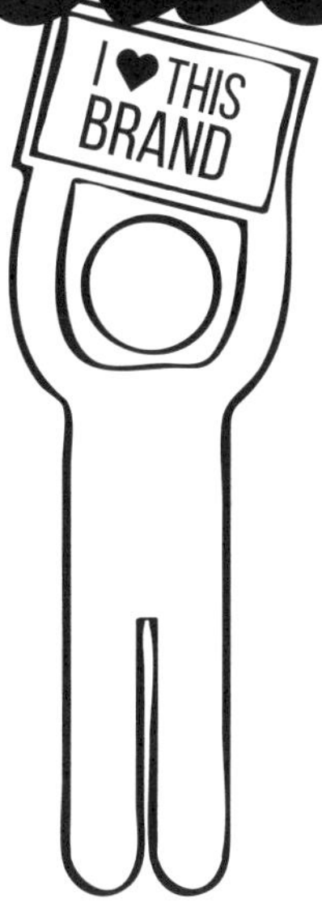

en attachés de presse

Qui n'a jamais croisé un sticker TripAdvisor collé sur la vitrine d'un restaurant ? Ou aperçu l'un de ses « certificats d'excellence », signé de la main de son CEO, à la réception d'un établissement hôtelier ?

« Le plus grand site de voyage au monde », comme il se définit, les fournit gratuitement aux hôtels et autres établissements de restauration listés sur sa plateforme, en fonction de leur évaluation. Et pour cause, l'entreprise y trouve son intérêt : il s'agit là d'une publicité gratuite inespérée pour promouvoir sa plateforme auprès des voyageurs du monde entier. Les hôteliers et restaurateurs y trouvent également leur compte et voient dans ces supports un bon moyen d'attirer de nouveaux clients en mettant en avant leur bonne évaluation sur le site de notations de services touristiques.

Et la stratégie de TripAdvisor ne se limite pas au offline. La plateforme s'est également fait une place sur les sites Internet de ces établissements grâce à ses « Widgets ». Ces petites applications permettent à un établissement d'intégrer différentes informations sur son site telles que les derniers avis laissés sur sa page TripAdvisor, son indice de popularité et autres distinctions. D'autres, dédiées plutôt aux blogueurs, permettent par exemple d'afficher une liste de lieux à visiter dans une zone géographique. Grâce à ses Widgets, TripAdvisor a réussi à occuper la page d'accueil de nombreux sites sans débourser un seul centime en publicité.

Mais elle n'est pas la seule entreprise du Web à chercher à se faire une place dans les vitrines des restaurants. Le site d'avis

Yelp fournit également des stickers gratuits aux commerçants affichant le message « People love us on Yelp ». La plateforme envoie automatiquement ces autocollants deux fois par an à une poignée d'établissements sélectionnés en fonction de la note attribuée par les internautes.[1] Les autocollants offrent l'avantage de ne pas disparaître, contrairement à une publicité télévisuelle ou en ligne. Ces supports très bon marché restent ainsi visibles dans la durée.

En 2010, l'application de prise de notes, Evernote, va même commercialiser des autocollants amusants. À cette époque, tapoter sur son ordinateur pendant une réunion peut paraître déplacé et laisser penser à son interlocuteur que l'on fait autre chose que l'écouter. Phil Libin, fondateur d'Evernote, a donc une idée pour ses utilisateurs : coller sur le dos de leur ordinateur un sticker avec le message *« I'm not being rude, I'm taking notes in Evernote »*[2]. Vendus 5 dollars, ces autocollants trouveront preneurs. Sur des forums, certains réclament même une réédition des fameux stickers, depuis en rupture de stock, alors que d'autres confessent avoir créé leur propre version.[3]

Evernote n'est pas la seule entreprise à avoir réussi à transformer les appareils de ses utilisateurs en panneaux

---

1. Source : http://www.yelp-support.com/article/How-do-I-get-a-People-Love-Us-on-Yelp-window-cling-for-my-business?l=en_GB
2. « Je ne suis pas malpoli, je prends des notes sur Evernote. » Source : https://blog.evernote.com/blog/2010/05/05/sticking-to-it/
3. Source : https://discussion.evernote.com/topic/73694-im-not-being-rude-im-taking-notes-in-evernote/

publicitaires. Apple a adopté la même stratégie pour faire la promotion de l'iPhone en intégrant par défaut le message « Envoyé de mon iPhone » dans la signature email de ses clients. Cette stratégie ne coûtera rien à Apple, mais se révélera redoutablement efficace pour assurer la publicité de son téléphone.

Si certaines start-up ont l'idée de faire leur publicité à travers leurs clients, d'autres start-up préfèrent cibler des prescripteurs bien identifiés. C'est par exemple le cas de Codecademy, un site dédié à l'apprentissage de la programmation, qui vise également les professeurs. La start-up leur met ainsi à disposition des cours de programmation clés en main mais aussi des outils permettant de suivre l'évolution de leurs élèves.

L'application de GPS communautaire Waze adopte la même démarche lorsqu'elle lance son programme « Waze for Broadcast ». Celle-ci met à disposition des médias des outils spécifiques leur permettant de mieux décrypter et relayer l'info trafic auprès de leur audience. Plus concrètement, Waze donne accès gratuitement à ses données, en échange de quoi les diffuseurs sont invités à créditer Waze à l'antenne.

> « Nous vous fournissons gratuitement des outils puissants et faciles à utiliser donnant un aperçu de la circulation en temps réel : vous nous aidez à les faire connaître en parlant de nous », résume l'application, propriété de Google, sur son site[1].

Parmi les partenaires, CNN ou encore la radio de Vinci Autoroutes ont accepté de jouer le jeu. Et donc de devenir indirectement les publicitaires de Waze.

1. Source : https://www.waze.com/fr/broadcasters

Devenez le *porte-étendard* DE VOTRE PRODUIT

« Ne jamais créer un produit que l'on n'utiliserait pas soi-même », telle pourrait être la devise de beaucoup de créateurs de start-up. Parmi d'autres exemples, ces créateurs ont été les premiers à s'inscrire sur leur plateforme :

- La première vidéo publiée sur YouTube, intitulée « Me at the zoo », est postée le 23 avril 2005 par Jawed Karim, l'un des trois cofondateurs[1].
- Le premier Tweet – « just setting up my twttr » – est publié le 21 mars 2006 par Jack Dorsey, l'un des cofondateurs de la plateforme[2].
- Si les trois premiers profils Facebook créés sont des comptes tests, le suivant est logiquement celui de Mark Zuckerberg.

Mais plus qu'une simple utilisation de son service, s'inscrire sur sa propre plateforme est également une bonne occasion d'en faire la promotion, voire de prouver la valeur du concept :

- Lorsqu'en 2010, Brian Chesky, CEO d'**Airbnb**, fait le choix de quitter son appartement pour aller vivre chez ses clients, il fait directement la démonstration qu'un autre mode de vie, basé sur le partage, est possible. Il relate ses expériences et ses rencontres avec des hôtes locaux sur un blog, mettant en avant les différences avec une nuit passée à l'hôtel.
- Sean Rad, CEO et cofondateur de **Tinder**, utilise son application pour faire des rencontres. Mais le jeune patron confesse également avoir embauché six collaborateurs *via*

1. https://www.youtube.com/watch?v=jNQXAC9IVRw
2. https://twitter.com/jack/status/20

Tinder. Une manière pour l'entrepreneur de montrer que son application peut avoir d'autres utilités que les rencontres amoureuses.[1]

- L'histoire de **Soylent** est également intéressante. Pendant un mois, Rob Rhinehart tente l'expérience de ne pas consommer de nourriture. Au cours de ces 30 jours, le développeur informatique se contente de boire une substance réunissant tous les besoins nutritionnels d'un être humain. Il compose lui-même cette boisson à partir de ses propres recherches. L'entrepreneur réussit son pari et publie un billet sur son blog détaillant l'expérience qu'il a vécue. Fort de cette publicité, il crée Soylent – une boisson à base de poudre conçue pour couvrir les besoins nutritionnels humains – après avoir levé 3 millions de dollars en faisant appel au crowdfunding pour lui permettre d'améliorer et de commercialiser sa formule.[2]

1. Nathan McAlone, « Tinder CEO Sean Rad has hired 6 people after matching with them on Tinder », Business Insder UK, mai 2016 : http://uk.businessinsider.com/tinder-ceo-sean-rad-says-hes-hired-6-people-using-tinder-2016-5?r=US&IR=T
2. http://robrhinehart.com/?p=298

Lancez-vous avec les *moyens du bord*

Plutôt que de développer leur propre infrastructure, certaines start-up ont la bonne idée de démarrer leur activité en utilisant celles qui existent déjà. Elles y voient notamment un bon moyen de valider rapidement leur concept auprès de potentiels clients avant d'investir des ressources et du temps dans le développement d'un site ou d'une application. Plus concrètement, il s'agit ici de ne pas réinventer la roue lorsqu'une solution peu onéreuse est déjà disponible.

Blog

En 2008, Andrew Mason cherche à savoir si des personnes résidant à Chicago seraient prêtes à payer pour bénéficier de coupons de réduction valables pour des dîners au restaurant, des concerts ou autres activités. À cette époque, son site ne s'appelle pas encore Groupon mais ThePoint. Il permet à des communautés de se rassembler en ligne pour soutenir des causes. Pour tester rapidement son idée d'achats groupés, Andrew décide de réutiliser le design d'un blog WordPress en y apposant le nom de sa marque. Les deals sont alors ajoutés manuellement par l'équipe de Groupon et les coupons sont envoyés par email en fichiers PDF.[1] Si le processus est encore loin d'être automatisé, la création de ce blog permet à Andrew Mason de valider le potentiel de son idée. En quelques années, le simple blog deviendra un site visité par des millions de personnes.

Sms

Magic est une start-up qui a fait beaucoup parler d'elle à son lancement en 2015. Son concept est plutôt original : l'entreprise promet à ses clients de leur livrer tout ce qu'ils désirent, à condition bien sûr que ces requêtes restent dans la légalité. Pour passer commande, nul besoin de télécharger une application ou de se rendre sur un site Internet : un simple échange Sms suffit ! Magic se lance donc sans interface, avec seulement un numéro de téléphone. Derrière ce numéro, des collaborateurs en chair et en os s'occupent de satisfaire les demandes les plus extravagantes des clients. Pour s'y employer, ils n'hésitent

1. Source : https://mixergy.com/interviews/andrew-mason-groupon-interview/

pas à recourir à des plateformes tierces telles que TaskRabitt ou Postmates pour déléguer certaines tâches, notamment dans le domaine de la livraison. Pour le paiement, la start-up a là aussi recours à une plateforme spécialisée, Stripe, qui lui permet d'encaisser les paiements en carte de crédit. Quarante-huit heures après sa création – aidée par le buzz généré sur la plateforme Product Hunt – Magic reçoit près de 17 000 messages ![1]

Plateformes

Plutôt que d'investir des ressources dans le développement d'un site e-commerce, pourquoi ne pas utiliser la plateforme de quelqu'un d'autre ? Si aujourd'hui les solutions permettant de créer son site e-commerce en quelques clics sont légion, elles étaient un peu moins répandues en 2006. Sophia Amoruso a l'idée d'utiliser le Web pour vendre des vêtements vintage obtenus à bon prix. Ne pas disposer de connaissances en programmation ne décourage pas la jeune femme. Après avoir lu l'ouvrage *Starting an eBay business for dummies* (eBay pour les nuls), elle décide d'ouvrir une boutique sur la plateforme d'enchères qu'elle nomme « Nasty Gal Vintage ». Très vite, Sophia devient maître dans l'art du référencement, s'arrangeant systématiquement pour que ses produits apparaissent en haut des résultats de recherche sur la plateforme. Elle ferme par la suite sa boutique eBay pour ouvrir son propre site e-commerce. Pour autant, cette boutique eBay aura permis à

1. Sarah Buhr, « Magic Is A Startup That Promises To Bring You Anything — If You're Willing To Pay For It », *TechCrunch*, février 2015.

Sophia de démarrer son activité rapidement et surtout de bâtir une première communauté de clientes avec qui elle entretient très tôt des liens étroits. Quelques années après ses modestes débuts sur eBay, Nasty Gal se fera un nom sur la scène internationale du prêt-à-porter.

la collaboration

N'embauchez pas

PENSEZ « crowdsourcing »

Qui n'a pas entendu parler de l'Hyperloop, le train du futur souvent présenté comme un cinquième mode de transport ?

En 2013, Elon Musk, le célèbre cofondateur de Paypal et également patron de Tesla et SpaceX, publie sur Internet un livre blanc intitulé « Hyperloop Alpha » où il dévoile le concept d'un train autosuffisant en énergie pouvant atteindre 1 200 km/heure et dont les capsules sont transportées *via* des tubes. N'ayant pas le temps de s'en occuper lui-même – car suffisamment occupé avec ses propres sociétés –, l'entrepreneur laisse son invention en Open Source et invite ceux qui le souhaitent à faire de ce projet une réalité.

Parmi les prétendants, deux sociétés décident de relever le défi : Hyperloop One et Hyperloop Transportation Technologies. Si la première se lance avec une approche assez traditionnelle, misant sur les fonds de capital-risqueurs pour financer son développement et notamment ses recrutements, la démarche d'Hyperloop Transportation Technologies (HTT) est, elle, plus originale.

Tout commence en 2012 en Californie avec la création de JumpStartFund, une sorte d'incubateur en ligne qui a pour vocation de réunir des communautés autour de différents projets et idées. Lorsqu'Elon Musk présente son idée de l'Hyperloop, la start-up décide de soumettre le projet à sa communauté d'utilisateurs *via* sa plateforme collaborative. Son enthousiasme conduira à la création d'Hyperloop Transportation Technologies !

L'entreprise ne ressemble pourtant à aucune autre. Début 2016, celle-ci dénombre un peu plus de 500 collaborateurs pour seulement 2 salariés ! Hyperloop Transportation Technologies a en effet la particularité d'être entièrement crowdsourcée. Autrement dit, celle-ci fait appel à l'intelligence collective pour créer de la valeur.

« Nos collaborateurs doivent travailler un minimum de 10 heures par semaine en échange de stock-options » précise Dirk Alhborn, son CEO, ajoutant que la plupart d'entre eux font en réalité beaucoup plus. Cette organisation permet à l'entreprise de travailler avec les meilleurs, sans avoir à investir dans le recrutement. Des employés de Boeing, Tesla, SpaceX ou encore Apple ont ainsi accepté de mettre leurs compétences à contribution en travaillant sur l'Hyperloop pendant leur temps libre. HTT a également la chance de compter dans ses rangs des profils variés avec par exemple des scientifiques à la retraite mais aussi des étudiants, avocats, attachés de presse, etc. Autant de personnes que l'entreprise arrive à faire travailler à distance, en utilisant notamment les dernières technologies de communication. Celle-ci compte des collaborateurs dans 26 pays, répartis en 45 équipes. Grâce aux nouvelles technologies de communication, collaborer à distance n'est plus un problème.

Si son modèle est basé sur le collaboratif, Hyperloop Transportation Technologies n'en demeure pas moins sélective. Pour espérer faire partie du projet, il faut, comme dans toute entreprise, envoyer sa candidature. L'entreprise teste le futur collaborateur en lui confiant différentes tâches, avant de l'affecter ou non à une équipe.

Même s'il reconnaît que ce type d'organisation peut ne pas convenir à tous les profils, Dirk Alhborn, explique que si ce modèle collaboratif fonctionne, c'est avant tout parce que chacun est passionné par ce sur quoi il travaille. En rémunérant ses collaborateurs avec des stock-options, HTT s'assure de la motivation de ses troupes.

> « Ils savent que ce sont eux qui vont créer leur propre valeur », m'explique l'entrepreneur.

Hyperloop Transportation Technologies a réussi à rassembler des talents du monde entier autour d'une mission commune. Comme le résume Dirk Alhborn, l'objectif n'est pas de créer une entreprise mais de « créer un mouvement pour bâtir le transport de demain ».[1]

1. Lire l'interview intégrale sur le JDN : http://www.journaldunet.com/economie/transport/1178228-dirk-ahlborn-hyperloop-transportation-technologies/

Et si vous adoptiez une démarche Open Source ?

Un logiciel dit « Open Source » peut être modifié et redistribué librement, son code source étant accessible à tous. L'idée derrière ce terme est qu'il est possible de créer davantage de valeur en partageant de l'information, et d'accélérer l'innovation en mettant en commun certaines ressources.

C'est notamment la démarche adoptée par la plateforme de publication en ligne WordPress, qui affirme en 2016 faire vivre 26 % du Web ! Il faut dire que la plateforme de blog a un avantage de taille sur ses concurrents : les milliers de personnes à travers le monde qui améliorent chaque jour son outil de manière bénévole ! Cela n'est pas un hasard lorsque l'on sait que son créateur, Matt Mullenweg, est un fervent partisan de l'Open Source.

> « En impliquant et en partageant des informations avec votre communauté, vous pouvez créer davantage de valeur » m'explique-t-il.[1]

Voici par exemple ce qu'il est possible de lire sur le site de Wordpress.org :

> « [...] WordPress est un projet Open Source, c'est-à-dire que des centaines de personnes travaillent dessus à travers le monde. (Plus que pour la majorité des plateformes commerciales.) Cela signifie aussi que vous pouvez l'utiliser, que ce soit pour votre blog de cuisine ou pour un site Web du Fortune 500, en toute liberté et sans payer de droit de licence. »[2]

Le fondateur de WordPress n'est pas seul à voir des avantages à l'Open Source. Les géants du Web que sont Google, Apple, Facebook ou encore Amazon – plus communément appelés les GAFA –, ont déjà tous fait un pas – plus ou moins grand – dans ce domaine. L'un d'eux s'est même montré particulièrement actif au cours des dernières années : il s'agit de Facebook. Bases de données, design de ses serveurs, outils d'analyse, etc. : les éléments partagés par le réseau social sont nombreux. En 2016, Facebook rend même public les plans de montage d'une caméra capable d'enregistrer des vidéos à 360°. En plus des schémas, elle publie le code source de ses logiciels. En rendant accessibles ces informations au public, le réseau social espère que d'autres

1. Lire l'interview intégrale sur le JDN : http://www.journaldunet.com/solutions/dsi/1161757-interview-de-matt-mullenweg/
2. https://wordpress.org/about/

pourront contribuer à l'amélioration du produit. Surtout, l'entreprise y voit un bon moyen de convertir rapidement davantage de personnes, dont des ingénieurs et des fabricants, à la vidéo 360°.[1]

Aux yeux de James Pearce, responsable des projets Open Source (*head of open source*) chez Facebook, toutes ces initiatives ont comme objectif premier d'accélérer l'innovation. Dans une interview accordée à Forbes, il explique que l'intérêt de l'Open Source est de trouver des solutions rapides à des problèmes parfois complexes, ce qui devrait également profiter à Facebook à plus long terme :

> « Nous ne voyons pas la plupart de nos technologies comme un avantage concurrentiel. Avec le temps, nous nous sommes rendu compte que plus nous partagions, mieux c'était. Cela nous permet d'innover plus rapidement, de recruter et de garder des ingénieurs de talent qui veulent travailler sur ce genre de problèmes. Au final, c'est un accélérateur pour le secteur dans son ensemble. Nous n'avons pas le monopole des idées brillantes ni des moyens de résoudre les problèmes. Si d'autres entreprises ou personnes travaillent aussi sur ces problèmes et y apportent des solutions, alors clairement nous en bénéficierons. »

Comme le mentionne James Pearce, adopter une démarche Open Source est aujourd'hui crucial pour une entreprise

1. Rappelons ici que Facebook est propriétaire d'Oculus VR, l'entreprise derrière le casque de réalité virtuelle Oculus Rift.

technologique comme Facebook qui doit constamment attirer des talents. Il ajoute que la plupart des ingénieurs « adorent partager leurs idées ».

> « Si vous n'avez pas une stratégie open source forte et cohérente, vous aurez beaucoup plus de difficultés à recruter ces talents », insiste le responsable de l'Open Source chez Facebook.[1]

1. http://www.forbes.com/sites/roberthof/2016/04/15/inside-facebooks-open-source-machine/#4e37c8bb3286

Vous ne SAVEZ pas *tout*

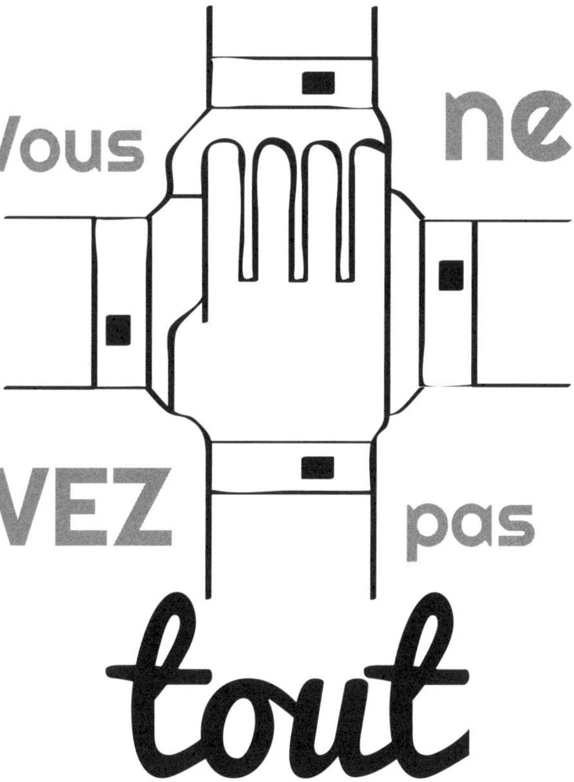

Tout comme WordPress, l'encyclopédie en ligne Wikipedia est entièrement gérée et éditée par sa communauté. En utilisant le principe du « Wiki », son créateur Jimmy Wales a l'idée de créer une encyclopédie universelle, multilingue et surtout gratuite, pouvant être modifiée et améliorée par chacun d'entre nous.

Car contrairement à ce que certains pourraient penser, Wikipedia n'a pas vocation à créer du contenu. Dans un échange d'emails datant de 2012 avec Jimmy Wales, celui-ci insiste sur le fait que les collaborateurs travaillant pour la fondation Wikimedia[1] ne rédigent pas le contenu disponible sur l'encyclopédie en ligne. À moins bien sûr que ces derniers n'aient fait le choix d'être modérateurs sur leur temps libre, comme n'importe quel internaute dans le monde peut le faire :

> « C'est un malentendu répandu à propos de Wikipedia, de penser que le personnel (travaillant pour la fondation Wikimedia) supervise le processus d'édition. Mais il n'en est rien. C'est la communauté qui a la responsabilité de tout ce travail », souligne son fondateur.[2]

1. L'organisation à but non lucratif qui soutient le développement du projet Wikipedia, notamment financièrement.
2. Lire l'interview intégrale sur le JDN : http://www.journaldunet.com/ebusiness/le-net/jimmy-wales-jimmy-wales-wikipedia.shtml

Organisez des Hackathons

Contraction de « hack » et « marathon », le terme « hackathon » désigne un événement au cours duquel un groupe de programmeurs se rassemble pour développer un projet informatique sur une thématique choisie et pendant une période limitée.

Si la pratique est courante dans le monde des start-up, elle semble avoir fait des émules dans les grands groupes. Des établissements financiers comme Axa ou la Société Générale ont par exemple déjà organisé le leur. Ces entreprises y voient une bonne occasion de repérer des talents mais aussi de développer de nouveaux projets innovants, pour ainsi espérer ne pas se faire ringardiser par des jeunes pousses.

Il faut dire que ce type d'événement est idéal pour stimuler l'innovation. Après les attentats meurtriers qui frappent Paris en novembre 2015, la ville organise elle aussi son hackathon afin de « concevoir et développer des solutions de prévention, d'alerte et de gestion des crises ». Résultat : près de 400 participants, répartis en 38 équipes, font le déplacement.[1]

Preuve que ces événements n'ont rien de fantasque, certains hackathons ont même donné naissance à des fonctionnalités que la plupart d'entre nous utilisent tous les jours. Le Like, la messagerie instantanée ou encore la Timeline de Facebook ont par exemple tous vu le jour lors de hackathons. Le réseau social en organise d'ailleurs régulièrement depuis des années. Aux yeux de Pedram Keyani, ancien responsable technique chez Facebook – passé depuis chez Uber –, ce type d'événement est une aubaine pour les ingénieurs qui peuvent ainsi démontrer le

1. Source : http://www.paris.fr/necmergitur

potentiel de leurs idées. Car pendant ces hackathons, ce n'est pas celui qui parle le plus fort qui obtient gain de cause – comme cela peut être le cas lors de séances de brainstorming ou dans certaines entreprises. Non, ici, seul le code est roi. Les données sont là pour départager les opinions. Dans un billet publié sur la plateforme Medium, Pedram Keyani cite l'exemple de la messagerie instantanée de Facebook, une fonctionnalité désormais clé du réseau social mais qui a bien failli ne jamais voir le jour :

> « Au début, il y avait une forte opposition contre la mise en place d'un chat sur Facebook. Heureusement, une petite équipe l'a créé lors d'un hackathon et a prouvé que les sceptiques avaient tort de douter. Quelques années plus tard, ce seul service est utilisé par des centaines de millions de personnes pour communiquer. »

Dans un autre billet, publié en 2007 sur Facebook, Pedram Keyani prend cette fois l'exemple de la fonctionnalité permettant de taguer un ami dans l'espace réservé aux commentaires. Elle aussi a été imaginée lors d'un hackaton :

> « Il y a plusieurs années, un stagiaire a créé la fonctionnalité "taguer quelqu'un dans un commentaire" lors d'un hackathon. Quand il l'a présenté au forum, tout le monde a eu la même réaction – c'était incroyable que personne ne l'ait fait jusque-là. Dans les deux semaines, 100 % des utilisateurs ont eu accès à la fonctionnalité. »[1]

1. Source : https://fr-fr.facebook.com/notes/facebook-engineering/stay-focused-and-keep-hacking/10150842676418920/

En plus de donner la possibilité à tous les collaborateurs d'exposer leurs idées, les hackathons ont cela d'intéressant qu'ils permettent de faire émerger une culture d'entreprise où l'échec est accepté, voire encouragé. « En banalisant l'échec, nous encourageons la prise de risques » justifie l'ex-directeur de l'Engineering chez Facebook. Il admet aussi que la plupart des projets développés lors de ce type de rassemblement ne connaîtront pas de suite. Mais Pedram Keyani insiste sur le fait que ce n'est pas l'objectif visé, le but d'un hackaton étant avant tout de permettre à chacun de s'exprimer :

> « La plupart des idées issues de votre hackathon n'aboutiront pas à une nouvelle fonctionnalité géniale ou à une avancée technologique phénoménale – mais ce n'est pas un problème, car le but d'un hackathon est de soutenir l'expérimentation, l'audace, le risque et l'itération. »[1]

Si ces événements sont nés dans l'univers du numérique, rien n'empêche pour des entreprises d'autres secteurs de s'inspirer de leur philosophie. Que ce soit en donnant une chance à chaque collaborateur de mettre en oeuvre ses idées ou en invitant des parties externes à apporter un regard neuf, l'objectif doit être toujours le même : favoriser l'innovation ! Mieux vaut en effet s'y préparer en amont plutôt que d'y être contraint et forcé par la concurrence, qui aura, elle, peut-être trouvé ses « killer features » grâce à des hackathons.

---

1. Source : https://medium.com/@pedramkeyani/hacking-company-culture-1daa3be1d769#.nfu2na6uq

les ressources humaines

DÉBARRASSEZ-VOUS des histoires de bureaux

(grâce aux mathématiques)

Souvent cité comme figure de proue de la transparence en entreprise, Buffer n'est pas une start-up comme les autres. Celle-ci a en effet la particularité de pratiquer une transparence totale dans son management. Cofondée en 2010 par trois Européens – Joel Gascoigne, Leo Widrich, et Tom Moor –, Buffer se spécialise dans la gestion des publications sur les réseaux sociaux. Son service permet par exemple de gérer et planifier des publications sur différentes plateformes sociales telles que Facebook, Twitter, LinkedIn, Pinterest ou encore Instagram.

Cette démarche de transparence s'installe rapidement au sein de l'organisation. Elle est en effet étroitement liée à la personnalité des cofondateurs qui apprécient de partager avec d'autres les avancées de leur aventure entrepreneuriale. Sur le blog de l'entreprise, ils publient des billets pour détailler les différentes expériences qu'ils mènent, revenant sans complexe sur celles qui ont bien fonctionné comme sur les autres.

> « Notre start-up était inconnue à cette époque et nous ne pensions pas que cela intéresserait beaucoup de monde », me confie Leo Widrich, cofondateur et COO de Buffer (équivalent américain pour directeur des opérations).

Pourtant, l'audience des publications ne cesse de croître. Ses fondateurs reçoivent même des messages d'encouragements de personnes appréciant leur attitude de partage. Petit à petit, Buffer pousse cette démarche de transparence un peu plus loin, en publiant notamment des chiffres concernant son audience mais aussi son chiffre d'affaires mensuel. La start-up décide finalement d'aller au bout de sa logique en adoptant une transparence totale dans son management, que ce soit vis-à-vis de ses employés mais aussi de ses clients, investisseurs et autres parties externes à l'entreprise.

Illustration concrète de cette politique de transparence : tous les emails deviennent publics au sein de l'entreprise. « Même ceux que nous pouvons échanger avec nos investisseurs », précise Leo Widrich ! Si ce dernier reconnaît que le nombre d'emails reçu par employé est important – environ 1 000 par jour et par personne –, Buffer met en place un système efficace de filtres afin que chacun ne lise que les plus pertinents. Chaque collaborateur va ainsi lire entre 10 et 30 emails par jour, mais a toujours la possibilité d'accéder aux autres en effectuant une recherche. Buffer fait malgré tout une exception à cette règle en ne rendant pas publics les feedbacks envoyés par ses collaborateurs. La raison ? Que ces feedbacks ne soient pas biaisés lorsqu'ils portent sur une fonctionnalité ou un nouveau produit. Cette exception mise à part, les dirigeants de la start-up restent convaincus que plus ils transmettront de l'information à leurs collaborateurs, meilleures en seront leurs décisions !

La démarche de transparence de Buffer ne s'arrête pas aux emails : revenus, diversité de son équipe et détails de ses levées de fonds sont autant d'informations accessibles depuis son site Internet. La start-up partage même les détails de la tarification de ses produits pour montrer à ses clients où passe leur argent. Mais Buffer est surtout connue pour avoir mis en place une pratique peu répandue dans le monde de l'entreprise : la transparence salariale.

L'intérêt d'une telle démarche ? Elle permet à Buffer d'attirer des talents. Un mois après la publication des salaires, la start-up reçoit en effet près de 4 000 candidatures, contre quelques centaines auparavant. Aujourd'hui encore, elle en reçoit près de 2 000 mensuellement. Cette transparence salariale permet également à l'entreprise d'instaurer une relation de confiance avec ses collaborateurs et ses potentielles recrues.

> « Parfois des personnes me disent : "je veux travailler pour Buffer car j'ai l'impression de mieux connaître votre entreprise que celle pour laquelle je travaille actuellement" », souligne Leo Widrich.

Et ce n'est pas tout. La start-up ne se contente pas de rendre public ses salaires, elle communique également sa formule de calcul. Celle-ci prend en compte plusieurs éléments tels que le poste visé par le candidat, son niveau d'expérience et d'ancienneté. Plus étonnant, elle prend également en considération son lieu d'habitation. Cette notion est importante pour Buffer dans la mesure où l'entreprise est entièrement « distribuée », c'est-à-dire qu'elle ne dispose pas de bureaux et doit composer avec des collaborateurs répartis à travers le monde. Aussi, pour être certaine de ne pas créer de disparités de salaires trop importantes en fonction de la situation géographique de ses employés, Buffer a inventé ce qu'elle appelle la « Good Life Curve ». Cette autre formule permet à la start-up d'ajuster les salaires en fonction du marché local. Par exemple, un employé de Cape Town touchera un salaire logiquement moins élevé qu'un autre résidant à San Francisco où le coût de la vie est bien plus élevé. Pour autant, le salaire du premier ne sera pas aussi bas que ceux pratiqués localement.[1]

Avec la publication de sa formule de calcul des salaires, Buffer tire plusieurs avantages, à commencer par un gain de temps lors des négociations à l'embauche. Car, chose surprenante, lors de ces entretiens, la question du salaire n'est pratiquement jamais abordée. Son directeur d'exploitation me raconte d'ailleurs que rares sont ceux qui calculent leur salaire avant l'entretien. La raison ? Connaissant l'existence de cette formule, les candidats font généralement confiance à Buffer. Les seules négociations qui peuvent avoir lieu portent sur le niveau d'expérience du candidat selon les catégories établies par la start-up : débutant, intermédiaire, avancé ou master. L'autre bénéfice de cette formule est qu'elle permet de réduire les inégalités entre hommes et femmes. Mieux, elle les supprime complètement de l'équation. « La formule ne fait aucune différence », résume le cofondateur de Buffer.

Enfin, s'il est souvent commun dans les entreprises de se demander combien touche son collègue, ce n'est pas le cas chez Buffer. Cette atmosphère de suspicion liée à un éventuel favoritisme salarial n'existe pas : tout le monde connaît le salaire de son voisin.

1. https://open.buffer.com/transparent-salaries/

> « Avec la transparence salariale, vous vous débarrassez de ces histoires de bureau », conclue Leo Widrich.[1]

Toutefois, si la start-up plaide pour davantage de transparence en entreprise, son cofondateur est conscient que la transparence salariale peut être difficile à transposer au sein de très grandes entreprises. Son conseil ? Y aller étape par étape, par exemple en rendant public certains rapports d'habitude réservés à l'équipe de management, ou bien en publiant certains chiffres moins importants, comme le trafic du site. Ce premier pas permettra d'observer les réactions avant de décider, ou pas, d'aller plus loin. Il est en effet primordial que la démarche reste authentique et, surtout, qu'elle soit adoptée par l'ensemble des salariés.[2]

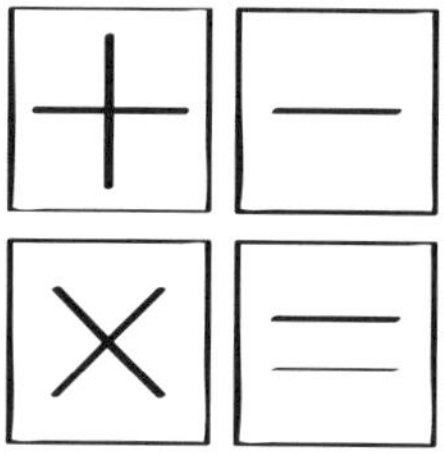

1. Lire l'interview intégrale sur le JDN : http://www.journaldunet.com/management/ressources-humaines/1181671-leo-widrich-coo-de-buffer/
2. https://buffer.com/salary

Non

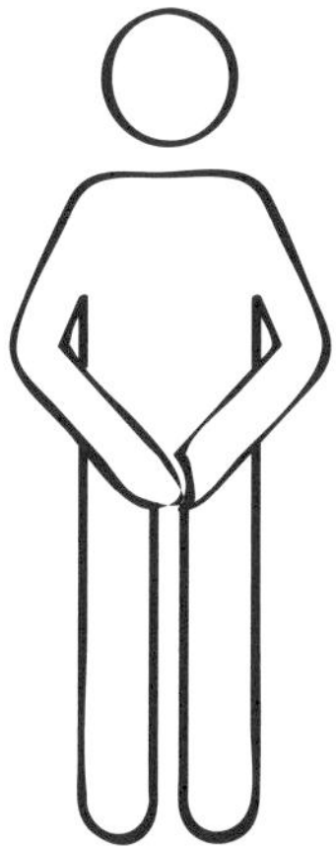

Personne
ne va venir
NU
au bureau

Avec plus de 15 millions de vues[1], la présentation PowerPoint publiée par le fondateur de Netflix en août 2009 est sans aucun doute devenue une référence dans la Silicon Valley. Composé de 124 slides, le document a pour objectif d'exposer de manière claire la culture et les valeurs de l'entreprise. Il clarifie notamment la politique de Netflix dans un certain nombre de domaines tels que le recrutement, la rémunération des collaborateurs, les règles en matière de congés payés, etc.

Le document définit notamment la politique d'embauche de Netflix. Et le moins que l'on puisse dire, c'est qu'elle est plutôt claire : recruter systématiquement les meilleurs dans leur domaine. En effet, fournir des efforts et travailler dur ne suffit pas chez Netflix, il faut que le résultat de ce travail soit visible.

> « On ne mesure pas la valeur d'une personne en fonction du nombre d'heures qu'elle travaille ou qu'elle passe au bureau », précise l'entreprise.

Reed Hastings aime d'ailleurs comparer son entreprise à une équipe de sport professionnelle : « Nous sommes une équipe, pas une famille » insiste-t-il. Pour gagner, l'entreprise s'entoure donc des meilleurs éléments.

Netflix reste également convaincue que pour qu'une atmosphère productive puisse se développer, il ne suffit pas d'avoir de jolis bureaux, de proposer des sushis à midi ou d'organiser des fêtes. Non, pour que ses collaborateurs puissent s'épanouir

1. À octobre 2016.

et donner le meilleur d'eux-mêmes, la plateforme de vidéo à la demande estime qu'il est primordial que ces derniers soient entourés par d'incroyables collègues !

Et pour cela, l'entreprise a sa méthode : ne conserver que les meilleurs et laisser les autres partir. C'est pourquoi Netflix demande à ses managers de se poser systématiquement la question suivante :

> « Pour lesquels de mes collaborateurs je serai prêt à me battre pour les garder chez Netflix, s'ils me disaient qu'ils partaient pour un poste semblable chez un concurrent ? »

Ceux qui ne rentreraient pas dans cette catégorie peuvent toutefois se consoler avec de généreuses indemnités de départ.

Mais Netflix a, comme toute entreprise à forte croissance, été confrontée à plusieurs challenges, dont celui de l'augmentation de ses effectifs. Si l'entreprise, dont le service est accessible dans 190 pays, a beaucoup d'ambitions, elle ne souhaite pas pour autant sacrifier sa flexibilité et son agilité. Alors que beaucoup de grandes sociétés ont la fâcheuse tendance de mettre en place des règles et processus bureaucratiques complexes, ce n'est pas le cas de Netflix. Au lieu de limiter la liberté de ses employés, la start-up va, au contraire, leur en donner davantage. Sa formule magique ? Responsabiliser ses collaborateurs. Un principe simple qui se retrouve à différents niveaux :

- **Congés payés** : Netflix est l'une des premières entreprises à adopter une politique de vacances illimitées.

> «Il faut regarder le travail fourni, pas le nombre de jours qu'ils travaillent», justifie l'entreprise dans son document.

- **Dépenses et déplacements professionnels** : la politique concernant les dépenses des collaborateurs est une autre illustration de la volonté de Netflix de simplifier ses règles. Celle-ci tient d'ailleurs en quelques mots : «Agissez dans le meilleur intérêt de Netflix». Un principe qui s'étend également aux déplacements professionnels. Par cette simple formule, Netflix demande à ses employés de dépenser l'argent de l'entreprise comme si c'était le leur et donc d'effectuer des achats uniquement si ceux-ci sont réellement nécessaires à l'accomplissement de leur travail. Avec cette règle, l'entreprise a en parallèle libéré du temps pour ses collaborateurs en charge de l'administratif qui ne contrôlent que très rarement les notes de frais de leurs collègues.

En résumé, Netflix a réussi à croître sans pour autant rigidifier son organisation avec des processus bureaucratiques complexes et contraignants. Comme le résume l'entreprise dans son document devenu culte :

> «La flexibilité est plus importante que l'efficacité sur le long terme.» Sa politique est précisément d'avoir le moins de règles possibles. «[...] Il n'y a pas non plus de règle vestimentaire chez Netflix, mais personne ne vient travailler tout nu. Moralité : vous n'avez pas besoin de règles pour tout.»[1]

---

1. Source : http://www.slideshare.net/reed2001/culture-1798664

Aux yeux de Patty McCord, ancienne responsable des RH chez Netflix, 97 % des employés vont généralement bien se comporter. Le problème est que la plupart des entreprises vont mettre en place des politiques RH dont le but est de gérer les problèmes causés par les 3 % restants. Dans un article publié dans *la Harvard Business Review*, celle qui a participé à la rédaction de la célèbre présentation ajoute :

> « Avec le temps, nous avons compris que si nous demandons aux gens de s'appuyer sur la logique et le bon sens plutôt que sur des règles formelles, la plupart du temps nous obtenons de meilleurs résultats et à moindre coût. »[1]

1. Patty McCord, « How Netflix Reinvented HR », *Havard Business Review*, 2014.

N'embauchez PAS des *spécialistes*

Dans leur excellent ouvrage *How Google Works*[1], Eric Schmidt, ancien CEO de Google désormais président exécutif d'Alphabet (maison mère de Google, ndlr) et Jonathan Rosenberg, ancien vice président de la division Produits, détaillent quelques-uns de leurs secrets en matière de recrutement. On apprend notamment qu'une qualité se révèle particulièrement importante à leurs yeux chez un candidat : la volonté de s'améliorer perpétuellement. Les auteurs recommandent en effet d'embaucher en priorité des « Learning Animals », autrement dit des personnes exprimant une volonté réelle d'apprendre.

---

1. Eric Schmidt et Jonathan Rosenberg, *How Google Works*, John Murray, 2015.

La raison ? Elles n'auront aucun problème pour s'adapter au changement.

Aux yeux des deux auteurs, embaucher quelqu'un pour ses connaissances à un instant t est une erreur, surtout dans le domaine de la technologie où les choses évoluent vite. Les têtes dirigeantes de Google prennent l'exemple des Widgets : si recruter un spécialiste de ces mini-logiciels aurait sûrement du sens pendant une certaine période, qui peut prédire comment évoluera la technologie dans quelques années, et ce que deviendront ces Widgets ? Plutôt que de faire confiance à des spécialistes, Eric Schmidtt et Jonathan Rosenberg privilégient les candidats capables de s'adapter rapidement à un environnement en perpétuelle évolution et qui ont dans leur ADN une volonté d'acquérir toujours plus de connaissances.

> « Privilégier la spécialisation à l'intelligence est une erreur, surtout dans le secteur technologique », écrivent les auteurs.

Ce critère de recrutement fait également loi dans d'autres start-up à l'image de WhatsApp. L'application de messagerie instantanée a la particularité d'avoir été développée dans un langage de programmation appelé Erlang, resté assez peu connu des ingénieurs. Une contrainte qui n'a pourtant pas empêché WhatsApp de recruter des talents, comme l'explique l'un de ses ingénieurs, Jamshid Mahdavi, à *Wired* :

> « Notre stratégie de recrutement est de trouver les meilleurs ingénieurs. Nous ne cherchons pas forcément des ingénieurs qui connaissent déjà Erlang [...] Nous attendons de l'ingénieur

qu'il se familiarise pendant sa première semaine avec le langage et l'environnement. Si vous engagez des gens intelligents, ils seront capables de faire ça. »[1]

1. Cad Metz, « Why Whatsapp only needs 50 Engineers for its 900M users », *Wired*, septembre 2015.

RECRUTEMENT : à chacun sa méthode

Le test de l'aéroport

Juger un candidat sur ses seules compétences professionnelles ne suffit pas. Son caractère et sa capacité à se fondre dans la culture de l'entreprise sont des critères tout aussi importants aux yeux d'Eric Schmidt et de Jonathan Rosenberg, respectivement ex-CEO et ex-vice président de la division Produits de Google.

Dans leur ouvrage *How Google Works*, les deux « Googlers » conseillent d'effectuer un test plutôt amusant qu'ils baptisent le « LAX test »[1]. L'idée des auteurs est de s'imaginer coincé avec le candidat en question pendant 6 heures dans un aéroport – l'exemple de l'aéroport de Los Angeles a été choisi par Eric Schmidt qui lui reproche notamment son manque de confort. Il s'agit ensuite pour les recruteurs de se poser la question suivante : pourriez-vous avoir une conversation avec lui ? Le but de ce test consiste à essayer de deviner comment se comporterait le candidat en question s'il se trouvait hors de sa zone de confort.

Brian Lee et l'actrice Jessica Alba, les deux cofondateurs de The Honest Company, une entreprise spécialisée dans les produits d'hygiène non-toxiques, l'ont adopté. Sur la scène de la conférence SXSW en 2015, les deux entrepreneurs expliquent se poser systématiquement la question suivante avant d'embaucher un candidat : « Pourrions-nous rester coincés 6 heures dans un aéroport avec cette personne ? » Si la réponse est négative, alors le candidat, aussi brillant soit-il, est recalé.

Des entretiens d'embauche *via* messagerie chat

Connu pour être le créateur de Wordpress, Matt Mullenweg est aussi le CEO d'Automattic, la société éditrice de Wordpress.com. Tout comme Buffer, l'entreprise a la particularité d'être entièrement distribuée. Ses employés étant répartis à travers le globe, le Web et notamment les services de chat permettent

1. Les initiales LAX font ici référence à l'aéroport de Los Angeles, ndlr.

à l'équipe de collaborer à distance. Ce mode de communication est également utilisé lors des entretiens d'embauche, et notamment lors de la dernière étape du processus de recrutement qui consiste en un entretien avec Matt Mullenweg. Jusque-là rien d'anormal, à un détail près : les échanges entre le patron et les candidats se font uniquement *via* chat. Ni voix, ni vidéo donc, juste du texte ! Aux yeux du CEO d'Automattic, ce mode de communication offre l'avantage de mettre à l'aise certains candidats qui peuvent ressentir du stress lors de cet exercice. Ces entretiens textuels permettent ainsi à Matt Mullenweg de mieux cerner leur personnalité et d'en apprendre plus sur leur parcours et leur démarche sans être influencé par de quelconques éléments externes. Sur la plateforme de questions/réponses Quora, l'entrepreneur précise :

> « [...] Cela me permet également de ne pas être influencé par la voix ou l'accent des candidats, ou quoi que ce soit d'autre d'eux qui n'est pas écrit ou qui n'a pas de lien avec le travail qu'ils ont effectué au cours de leur période d'essai – tout ce que je vois et entends, ce sont leurs mots. »[1]

Recrutez au sein de votre communauté d'utilisateurs

Afin de s'entourer uniquement de collaborateurs passionnés par leur travail, certaines start-up n'hésitent pas à recruter directement au sein de leur communauté de clients. C'est

1. https://www.quora.com/I-read-that-Matt-Mullenweg-does-all-his-hiring-interviews-via-Skype-Text-chat-Is-this-really-true-and-can-it-be-justified

notamment le cas des fondateurs de la plateforme dédiée à l'annotation de textes Genius – anciennement « Rap Genius ». Leur politique est d'embaucher systématiquement des personnes issues de leur communauté pour tous les postes ne nécessitant pas de compétences techniques particulières. C'est aussi la démarche de Buffer qui exige des candidats d'être utilisateurs de la plateforme depuis au moins trois mois avant l'envoi de leur candidature. Pour le vérifier, les dirigeants leur demandent d'inclure leurs identifiants. Avec cette politique de recrutement, Buffer et Genius veulent s'assurer de la réelle motivation de ceux qui rejoignent leurs rangs. Les deux start-up sont conscientes que l'implication d'un employé sera d'autant plus importante si son job consiste à améliorer un produit qu'il utilise déjà au quotidien.[1]

La règle d'or de Mark Zuckerberg

À l'occasion du Mobile World Congress 2015 à Barcelone, Mark Zuckerberg a dévoilé l'un de ses secrets en matière de recrutement. Le fondateur de Facebook respecte scrupuleusement cette même règle à chaque fois qu'il recrute un nouveau collaborateur :

> « Je n'embauche une personne que si j'accepterais de travailler pour elle. C'est un très bon test, et je pense que cette règle m'a été très utile. »[2]

---

1. Lire l'interview intégrale sur le JDN : http://www.journaldunet.com/management/ressources-humaines/1181671-leo-widrich-coo-de-buffer/
2. Josie Ensor, « Mark Zuckerberg reveals his one rule for hiring at Facebook », *The Telegraph*, mars 2015.

la proximité

Prenez le Volant

En 2016, le site Inc révèle que Paul English travaille sur son temps libre comme chauffeur Uber. Si ce nom ne vous dit peut-être rien, l'homme est pourtant loin d'être un inconnu dans le milieu du Web. Il est en effet le cofondateur de Kayak, un moteur de recherche dédié au voyage, qui sera revendu 2 milliards de dollars en 2012 au groupe Priceline ! Ce n'est donc évidemment pas l'argent qui le motive à arpenter plusieurs heures par semaine les rues de Boston. Non, en transportant des passagers au volant de sa Tesla, Paul English a une autre idée en tête : il veut comprendre comment fonctionne le système de notation des chauffeurs sur la plateforme Uber. L'entrepreneur s'est en effet lancé un nouveau défi entrepreneurial en créant Lola, une start-up qui propose des itinéraires de voyage personnalisés. Le concept de la jeune pousse partage un point commun avec Uber : tout comme les chauffeurs, les agents de voyage de Lola sont évalués par les utilisateurs qui leur attribuent une note comprise entre 1 et 5. En devenant chauffeur VTC, Paul English veut mieux comprendre la réflexion des utilisateurs lorsqu'ils évaluent un professionnel travaillant dans le secteur des services. Après chaque trajet, il note scrupuleusement dans son petit carnet les mots issus de sa conversation avec le passager. Une fois la note attribuée l'entrepreneur s'interroge systématiquement : qui ne m'a pas mis 5 étoiles ? Qu'ai-je fait qui n'allait pas ? À cette époque, Paul English a beau obtenir l'excellente note de 4.97, il cherche à comprendre la réflexion des utilisateurs lorsqu'ils attribuent une note. Son objectif final : faire bénéficier ses agents de voyage de son expérience afin qu'ils améliorent leurs prestations.[1]

C'est cette même culture de l'empathie qui règne chez Postmates, une start-up spécialisée dans la livraison de biens et de repas en provenance de commerces de proximité. Il arrive parfois que son cofondateur et CEO Bastian Lehmann livre ses clients en personne. Voiture, vélo, scooter, etc. : celui-ci confesse même avoir utilisé presque tous les moyens de transport possibles ! Et il est d'ailleurs loin d'être le seul chez Postmates, presque tout le monde a déjà réalisé au moins une livraison. C'est notamment le cas des ingénieurs, et plus généralement de tous ceux qui contribuent à l'amélioration de la plateforme. Bastian Lehmann raconte même qu'il est déjà arrivé à des ingénieurs de réaliser des « coding sessions » à l'arrière d'une voiture pendant une livraison. Ces expériences permettent à

1. Sheila Marikar, « He Sold His Business for $2 Billion. Now He's an Uber Driver. Huh ? », *Inc.*, juin 2016.

chaque employé de se mettre à la place des « Postmates » qui livrent chaque jour les clients de l'entreprise.

> « Ils peuvent ainsi mieux comprendre ce que nos livreurs vivent au quotidien » m'explique le CEO.[1]

Pour permettre à leurs employés de mieux cerner les besoins et les attentes des clients, certaines start-up ont une autre solution : imposer à tous de consacrer un peu de leur temps à gérer le SAV. Le service client est en effet le premier informé des problèmes des consommateurs. C'est précisément ce qui pousse Automattic, l'entreprise éditrice de WordPress.com, à exiger de ses nouveaux collaborateurs de démarrer par la gestion des problèmes clients. Ci-dessous le message que la start-up adresse à ses futures recrues sur la page de son site dédiée au recrutement :

> « [...] Une fois embauché à temps plein, peu importe votre poste, vous travaillerez au service client de WordPress.com pendant les trois premières semaines. Nous sommes convaincus que cette première connexion avec les utilisateurs de nos produits est primordiale. »[2]

Même politique chez Zappos où la satisfaction client n'est pas seulement un objectif mais une philosophie. L'e-commerçant spécialisé dans les chaussures demande à tous ses nouveaux collaborateurs de consacrer leurs premières semaines au traitement téléphonique des réclamations clients.

---

1. Lire l'interview intégrale sur le JDN : http://www.journaldunet.com/ebusiness/commerce/1173007-bastian-lehmann-postmates/
2. https://automattic.com/work-with-us/

« Une VRAIE connexion est une conversation »

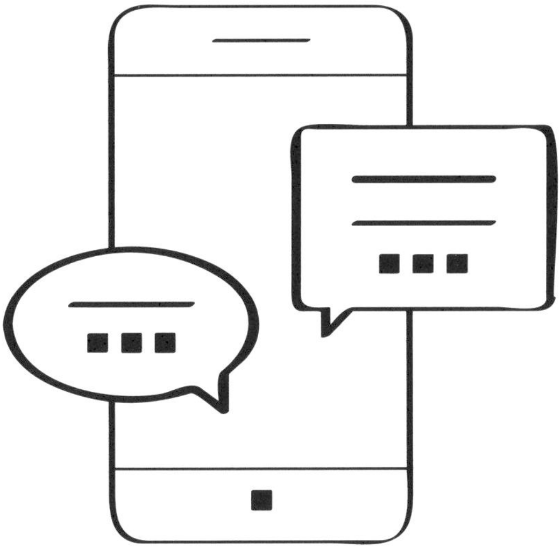

Qui n'aimerait pas recevoir un Sms de remerciement de son artiste préféré après avoir acheté son album ?

Si peu d'entre nous ont déjà eu cette chance, ce n'est pas le cas des fans de Ryan Leslie, un producteur et compositeur de musique aux sonorités hip-hop et RnB. Sorti diplômé de l'université d'Harvard à l'âge de 19 ans, il fait le choix de se consacrer entièrement à la musique. Après avoir signé chez un célèbre label et sorti plusieurs albums, Ryan le quitte en 2010 pour poursuivre sa carrière en tant qu'artiste indépendant.

Il prend alors en main sa carrière et décide d'utiliser le Web pour distribuer lui-même sa musique. Contrairement aux maisons de disques qui distribuent leurs titres *via* des plateformes intermédiaires, les albums de Ryan Leslie sont téléchargeables directement sur son site. C'était en effet l'un des reproches faits par l'artiste aux labels : ces derniers laissaient les intermédiaires s'accaparer toutes les données sur ceux qui achetaient sa musique. Et c'est ainsi qu'aujourd'hui des plateformes comme iTunes ou Google Play en savent plus que les maisons de disques sur les goûts des consommateurs. Ce n'est pas le cas pour Ryan qui, en distribuant lui-même sa musique, entretient une relation de proximité avec ses fans.

En supprimant tout intermédiaire, le rappeur a réussi à tisser un lien direct avec chacun d'entre eux. Chose surprenante, le chanteur a même rendu public son numéro de téléphone ![1] Plus

1. Le numéro et l'email de Ryan Leslie apparaissent sur ses différents profils sur les réseaux sociaux.

étonnant encore, celui-ci encourage tous ses fans à le contacter *via* Sms ou WhatsApp !

> « Il s'agit probablement de la forme de communication la plus personnelle pour échanger avec quelqu'un », justifie l'artiste.[1]

Car à l'opposé d'une conversation sur Twitter qui est par défaut publique, un message reçu sur WhatsApp devient tout de suite plus intime. À l'inverse des emails, souvent utilisés dans un cadre plus professionnel, les messages Sms permettent d'installer une relation plus confidentielle et offrent l'avantage de s'afficher directement sur l'écran d'accueil du smartphone d'un utilisateur. Le compositeur américain l'a compris et rédige ainsi de courts messages sur WhatsApp pour remercier tous ceux qui achètent ses albums.

Ce mode de communication plus personnel est aussi une excellente opportunité pour Ryan Leslie d'augmenter le taux d'engagement. En effet, à quoi bon compter des dizaines de millions de followers sur Twitter si leur taux d'engagement est faible et que la majorité d'entre eux ne prête pas attention à vos messages ? Comme me l'explique Ryan, compter un grand nombre d'abonnés sur les réseaux sociaux ne garantit en rien un taux d'engagement élevé. À l'inverse, tisser une relation intime avec chacun d'entre eux permet de transformer de simples followers en d'ardents supporters. Et donc en de potentiels acheteurs.

---

1. Lire l'interview intégrale sur le JDN : http://www.journaldunet.com/ebusiness/le-net/ryan-leslie-ryan-leslie.shtml

Mais pour Ryan Leslie, vendre n'est pas le seul objectif. « C'est un échange de valeur » précise-t-il. Parmi ses fans se trouvent par exemple des programmeurs ou des réalisateurs. Et, qui sait, l'un d'eux pourrait peut-être réaliser son prochain clip vidéo ! L'autre intérêt de cette démarche est qu'elle permet à Ryan de récolter des données et donc de mieux connaître ses fans. Combien sont-ils en France ? Combien d'entre eux travaillent dans telle ou telle entreprise ? Des questions auxquelles Ryan Leslie est désormais capable de répondre. Mieux, il peut envoyer des messages ciblés à n'importe lequel de ses fans à travers le monde.

> « En appuyant sur un bouton, je peux envoyer un email à tous ceux qui ont légalement acheté mon précédent album », explique le musicien.

En tissant cette relation directe avec ses fans, il s'est également émancipé des plateformes sociales comme Facebook, Twitter ou encore Instagram. Si demain l'une d'elles venait à disparaître, le compositeur américain perdrait certes de nombreux followers, mais aurait toujours à sa disposition les dizaines de milliers de numéros de téléphone et d'emails de ses supporters !

Ce qui était au départ une démarche personnelle s'est depuis transformée en une solution dédiée aux artistes appelée SuperPhone ! Ryan Leslie a développé une infrastructure sophistiquée et automatisée, qu'il vend désormais à d'autres artistes, en promettant notamment de faciliter les communications personnelles entre un artiste et ses fans et de simplifier le traitement des données à grande échelle.

Sur la scène de la conférence TNW en mai 2016, Ryan Leslie insiste aussi sur le fait que les bénéfices tirés de cette relation de proximité avec ses fans n'ont pas été que financiers :

> « La plupart de ces conversations ont eu plus de valeur pour moi qu'un album à 10 dollars ou qu'un single à 1 dollar. »

En se rendant accessible, il a surtout réussi à bâtir une relation plus intime et plus forte avec ses supporters. À ses yeux, rien ne remplacera jamais une conversation, aussi brève soit-elle :

> « Une vraie connexion est une conversation », résume-t-il sur la scène de TNW.[1]

1. Source : https://www.youtube.com/watch?v=o4ymijZzR_Y

N'oubliez pas

vos **PREMIERS**

supporters !

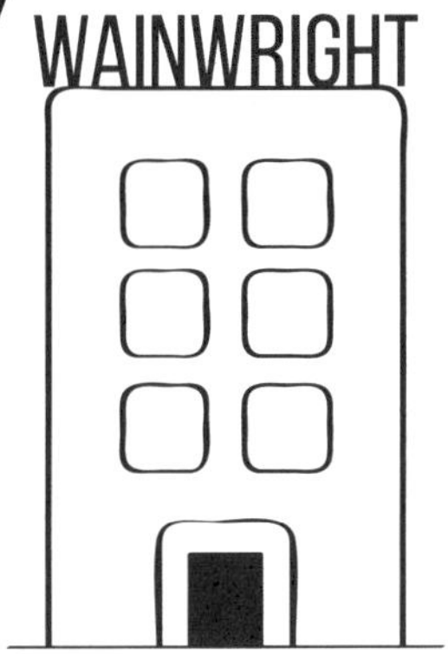

Convaincre ses premiers clients – à l'exception de son entourage familial et de son cercle d'amis – n'est jamais une mince affaire. C'est la raison pour laquelle il n'est pas rare qu'un entrepreneur se souvienne de ses premiers supporters.

C'est notamment le cas de Jeff Bezos. Le fondateur et CEO d'Amazon n'a en effet pas oublié ce jour du 3 avril 1995, date à laquelle un premier client – hors employé – a passé commande sur son site. Ce tout premier acheteur d'Amazon est un ingénieur australien basé en Californie nommé John Wainwright. Il atterrit sur le site grâce à un email envoyé par l'une de ses connaissances qui fait partie des premiers employés à intégrer l'entreprise. À cette époque, Amazon n'a rien de la plateforme e-commerce généraliste que l'on connaît aujourd'hui : le site ne référence que des livres et son design est bien moins élaboré. Cela ne rebute pas John Wainwright qui dépense 27,95 dollars pour un ouvrage de Douglas Hofstadter sur l'intelligence artificielle – sobrement intitulé *Fluid Concepts And Creative Analogies : Computer Models Of The Fundamental Mechanisms Of Thought.*

Ce qu'il ignore à cet instant c'est que cette commande lui vaudra d'avoir un immeuble à son nom ! Le fondateur d'Amazon lui rendra en effet hommage en renommant du nom de « Wainwright » l'immeuble situé au 535 Terry Avenue North à Seattle. Interrogé en 2015 par le site Marketwatch sur son ressenti d'avoir reçu une telle distinction, l'intéressé n'a pas oublié cette date non plus :

> « C'est une curieuse distinction. C'est une série de coïncidences. Ils n'avaient pas le livre en stock et l'histoire raconte que Jeff Bezos ne voulait pas retarder la livraison et qu'il s'est précipité dans les librairies alentours pour trouver lui-même un exemplaire du livre et l'envoyer à temps. Véridique ou non, cela en dit beaucoup sur son énergie et son dynamisme. »[1]

Cette anecdote révèle à quel point la satisfaction du client fait partie intégrante de l'ADN d'Amazon. Ce geste de Jeff Bezos montre aussi que l'entreprise, devenue un géant du e-commerce, n'a pas oublié ses tout premiers supporters...

1. Quentin Fottrell, « Meet Amazon's first ever customer, *MarketWatch*, juillet 2015.

le design

Embauchez
un
designer

Nombreuses sont les applications mobiles à avoir pris une longueur d'avance sur leurs concurrents grâce à un design bien travaillé. Dans un univers hyperconcurrentiel, celles qui proposent l'expérience la plus intuitive – et cela va sans dire, sans bug – peuvent espérer se voir accorder quelques minutes d'attention de la part d'utilisateurs de plus en plus exigeants. Si l'esthétique joue un rôle important, il faut avant tout que le produit soit facile à prendre en main. Simplifier et réduire les choix est un impératif, à l'image de la célèbre page d'accueil de Google, qui est restée claire et épurée depuis ses débuts, malgré les légers changements régulièrement opérés par le moteur de recherche.

L'exemple de l'application de rencontres Tinder est ici intéressant. Alors que beaucoup de sites de rencontres ont tendance à ajouter toujours plus d'informations sur la page profil de leurs membres, Tinder, elle, se concentre sur un seul élément : la photo. Un focus qui permet de simplifier l'utilisation de l'application, puisqu'il suffit de « swiper » à gauche ou à droite pour sélectionner ou non un membre. Maintes fois copié, le design de l'application de rencontres a été inspiré par un jeu de cartes : pour qu'un joueur puisse voir la carte du dessous il lui faut déplacer celle de devant. Ce n'est d'ailleurs pas un hasard si cette notion de jeu se retrouve également dans l'application :

> « Nous avons toujours pensé l'interface de Tinder comme un jeu », explique Sean Rad, son fondateur, au magazine *Time*.

Le design est ainsi mis au service de son expérience utilisateur, voulue simple et fun. Sean Rad va même jusqu'à admettre qu'aider ses membres à trouver l'âme soeur n'est pas forcément le but premier de l'application :

> « On ne rejoint pas Tinder parce qu'on cherche quelque chose. [...] On s'inscrit pour s'amuser. Ça n'a même pas d'importance que ça matche avec quelqu'un, parce que c'est avant tout swiper qui est amusant. »[1]

Tinder est loin d'être la seule application à avoir simplifié son expérience utilisateur grâce à un design intuitif. Uber fait également partie du club. La start-up se lance en 2009 sous le nom d'Ubercab avec un concept simple : permettre à chacun de commander un véhicule depuis son smartphone. Cette volonté de l'entreprise de simplifier le transport en zone urbaine se traduit directement par le design de son application. Une fois ouverte, l'utilisateur tombe sur une carte lui permettant de visualiser les véhicules les plus proches de lui. Il ne lui reste plus qu'à renseigner son adresse de destination, le lieu de prise en charge étant automatiquement localisé par Uber.

Selon Ethan Eismann, responsable du product design au sein de la start-up, l'importance accordée au design par Uber est bien réelle. Cette compétence se retrouve d'ailleurs à tous les niveaux de l'entreprise. Uber a en effet la chance de compter dans ses rangs un grand nombre de designers avec des

1. Laura Stampler, « Inside Tinder: Meet the Guys Who Turned Dating Into an Addiction », *Time*, février 2014.

spécialités variées. Dans un billet publié sur Medium – dans lequel il revient sur ses 120 premiers jours au sein de l'entreprise –, Ethan Eismann considère que cette diversité est une richesse inestimable :

> « [...] Nous sommes une grande équipe épanouie de concepteurs de produits, concepteurs visuels, illustrateurs, fabricants de prototypes, chercheurs, rédacteurs, content strategists, producteurs, designers de communication, brand designers, réalisateurs vidéo, photographes, dessinateurs industriels et, oui, nous avons même un décorateur d'intérieur dans l'équipe. Ce mélange de disciplines apporte de la richesse à notre organisation, ce qui est unique dans le secteur des technologies, et nouveau pour moi. »[1]

1. Source : https://medium.com/uber-design/what-i-learned-in-my-first-120-days-at-uber-c404888ed603#.u11o9p85u

Pensez à vos parents

« Notre objectif était de développer une application que même votre grand-mère pourrait utiliser », m'explique Jan Koum, cofondateur de WhatsApp, avant que le service ne soit racheté par Facebook.

En choisissant d'utiliser le numéro de téléphone en guise d'identifiant, l'application de messagerie instantanée évite à ses utilisateurs de rechercher leurs contacts manuellement : ces derniers sont ajoutés automatiquement. Une fois le numéro vérifié, l'application est immédiatement prête à l'emploi. Son design simple et intuitif offre enfin une prise en main rapide, permettant aux moins aguerris de comprendre immédiatement son fonctionnement.[1]

Cette simplification à l'extrême du produit est également la croisade des fondateurs de WeTransfer, un service permettant de transférer des fichiers volumineux grâce au cloud. Des artistes comme Prince ou Pharell Williams l'ont notamment utilisé pour

1. Lire l'interview intégrale sur le JDN : http://www.journaldunet.com/web-tech/start-up/jan-koum-jan-koum-whatsapp.shtml

partager leur musique avec leurs fans. Entièrement gratuite, la plateforme a la particularité de ne pas demander à ses utilisateurs de créer un compte. Concrètement, n'importe qui peut utiliser le service sans avoir à fournir la moindre information personnelle à WeTransfer, ce qui est peu commun sur le Web.

> « Notre message est le suivant : vous pouvez télécharger et uploader des fichiers sans que nous ne vous demandions quoi que ce soit en échange », m'explique Nadlen, cofondateur de WeTransfer.

Une fois sur le site, l'internaute tombe sur un formulaire d'envoi comportant seulement trois champs à remplir : son email, l'email du destinataire et le message à joindre avec le fichier. Car la volonté des fondateurs est précisément de permettre à tout le monde d'utiliser leur service, y compris ceux qui se sentiraient moins à l'aise avec la technologie. Tout comme Jan Koum, Nalden a pensé à ses aînés pour concevoir WeTransfer :

> « Nous voulions créer un service que même nos parents pourraient utiliser », justifie l'entrepreneur.

Pour simplifier au maximum l'expérience utilisateur, la start-up accorde une importance toute particulière au design. Ses cofondateurs font notamment le choix de ne conserver que l'essentiel :

> « Nous aurions pu ajouter un tas d'autres fonctionnalités mais nous ne l'avons pas fait car nous voulions qu'en un coup d'œil vous compreniez comment fonctionne la plateforme », précise Nalden.

WeTransfer a donc retiré tous les éléments superflus pouvant ralentir ou empêcher l'utilisateur de faire ce qu'il est venu faire sur sa plateforme (envoyer un fichier).

Pour autant, de l'aveu même des fondateurs, atteindre un tel niveau de simplicité n'est pas aussi facile que cela en a l'air. Nalden aime d'ailleurs utiliser le terme « simplexité » pour décrire un produit qui a l'air simple à utiliser côté utilisateur mais qui, d'un point de vue design et technique, a été très complexe à développer. Mais aux yeux des créateurs de WeTransfer, soigner le design est le meilleur moyen de faire adopter la technologie au grand public. Ils n'ont pas pensé leur produit pour des ingénieurs mais pour des gens de tous les jours, comme leurs parents.

> « Nous ne voulions pas utiliser un jargon technique. Les gens se moquent des termes gigabytes et autres : ils veulent juste que le produit soit simple à utiliser », insiste Nalden.[1]

1. Lire l'interview intégrale sur le JDN : http://www.journaldunet.com/solutions/cloud-computing/1181643-nalden-cofondateur-de-wetransfer/

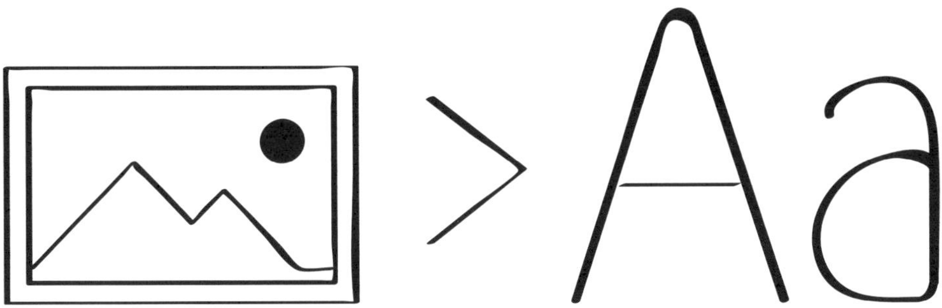

Une *image*

vaut plus que

MILLE

mots

Il s'agit sûrement d'un des Growth Hacks les plus célèbres du Web : la vidéo de démonstration réalisée par le fondateur de Dropbox à l'occasion du lancement de la plateforme.

Si la start-up est connue pour avoir réussi à booster son nombre d'utilisateurs grâce à son programme de parrainage bien pensé – Dropbox offre de l'espace de stockage supplémentaire à chaque membre parrainé –, c'est avec une tout autre méthode qu'elle acquiert ses premiers membres. Drew Houston intègre le célèbre incubateur Y Combinator et lance son service de stockage et de partage de fichiers en 2008 à l'occasion de l'événement Techcrunch50. Après une levée de fonds réussie, il reste au fondateur de Dropbox à accomplir l'essentiel : acquérir ses premiers utilisateurs. La tâche pourrait sembler aisée tant la promesse du produit est alléchante. La plateforme permet en effet de retrouver tous ses fichiers sur n'importe quel appareil, à condition de les enregistrer dans un dossier commun. L'ambition de son fondateur est claire : nous débarrasser des clés USB.

Pour attirer ses premiers membres, la start-up commence par investir dans de la publicité sur Google. Mais très vite, ses dirigeants se rendent compte que cette méthode d'acquisition leur revient trop cher. Car si Dropbox a de quoi épater lorsqu'on l'utilise pour la première fois, il est beaucoup moins évident de vanter ses mérites à l'écrit. Drew Houston a alors une idée : faire une courte vidéo montrant très concrètement sa plateforme en action. Il réalise donc un court clip de 4 minutes présentant lui-même, sur son écran d'ordinateur, les différentes fonctionnalités de Dropbox.

Fervent utilisateur du site communautaire Digg, Drew a la bonne idée d'inclure des références amusantes dont l'objectif est de favoriser le partage de sa vidéo par d'autres membres de la communauté. L'idée de l'entrepreneur fonctionne et la vidéo devient virale ! De 5 000 personnes inscrites sur la liste d'attente – il faut à cette époque s'inscrire pour essayer la version Beta – celle-ci en dénombre près de 70 000 supplémentaires quasiment du jour au lendemain. En montrant visuellement à quoi ressemblait sa plateforme, Drew Houston réussit à convaincre ses premiers utilisateurs de donner une chance à Dropbox.[1]

Il faut dire que décrire un produit technologique et innovant avec des mots n'est pas toujours une mince affaire. Dans le Web plus que dans n'importe quel autre secteur, une image ou une vidéo vaut souvent plus que mille mots !

1. Pour voir la vidéo : https://www.youtube.com/watch?v=7QmCUDHpNzE

les données

les données

se fichent des

STÉRÉOTYPES

Que ce soit pour produire ses propres contenus ou pour recommander ceux des autres au sein de sa plateforme, Netflix s'appuie systématiquement sur les données.

Dans le premier cas, l'entreprise analyse les audiences et les habitudes de ses membres pour produire des films, séries et documentaires qu'elle pense être en lien avec les goûts des consommateurs.[1]

Dans le second, la plateforme de vidéos à la demande utilise les données qu'elle collecte pour formuler des recommandations personnalisées à ses membres, leur évitant la peine de chercher pendant des heures un film susceptible de leur plaire. Pour cela, l'entreprise part du principe que chacun d'entre nous est différent, et qu'il en est logiquement de même en matière de goûts cinématographiques.

Pour ses recommandations, le moteur de Netflix ne se base pas sur de simples stéréotypes mais fait plutôt confiance à l'immense quantité de données collectées. Ou plus précisément à une partie d'entre elles, car comme l'explique Todd Yellin, vice président de l'innovation produit (VP of Product Innovation) au site Wired en juin 2016, dans cette montagne de données, tout n'est pas forcément bon à exploiter :

> « Cette montagne est composée de deux versants. Les déchets représentent 99 %. L'or, c'est 1 %... La géographie, l'âge et le sexe

---

1. Son CEO, Reed Hastings, précisera toutefois à l'occasion de la conférence DLD16 que l'intuition joue également un rôle important dans la prise de décision.

> des utilisateurs ? Nous classons cela dans les déchets. Le lieu où vous vivez n'est pas si important. »[1]

Il prend notamment l'exemple de la catégorie des animes, ces films d'animation japonais. Alors que l'on pourrait penser que la plupart des adeptes d'animes sont concentrés au Japon, il n'en est rien.

> D'après Todd Yellin : « Et pourtant, seulement 10 % des personnes qui regardent des anime sur Netflix vivent au Japon » avant d'ajouter que les 90 % restants sont répartis à travers le globe.

Nul doute que ces chiffres doivent conforter Netflix dans sa volonté de faire confiance aux données plutôt qu'à des stéréotypes.

1. Brian Barrett, « Netflix grand, daring, maybe crazy plan to conquer the world », *Wired*, mars 2016.

Les hommes MENTENT, pas les *données*

L'A/B Testing est une technique de marketing consistant à mettre en concurrence différentes versions d'une même page Internet – ou autre objet – pour en comparer les résultats. Largement répandu dans le milieu des start-up, celles-ci sont nombreuses à y avoir recours quotidiennement pour prendre rapidement des décisions. Booking.com réalise par exemple près de 1 000 A/B tests chaque jour. Comme me le confie sa CEO, Gillian Tans, l'entreprise ne laisse rien au hasard dès lors qu'il s'agit d'effectuer une modification graphique sur son site :

> « Que ce soit une couleur, une forme ou une photo, nous mettons systématiquement en compétition deux variantes pour mesurer ensuite les résultats auprès des clients. »[1]

Booking.com est loin d'être seule à se fier à cette méthode pour tester différentes options. Rien qu'en 2015, Netflix réalise près de 200 de ces tests pour améliorer sa plateforme et ses algorithmes. Pour l'anecdote, ses équipes réaliseront plus de 1 000 versions différentes de son interface.

> « La question pour nous est à chaque fois de savoir quelle est la version qui amène nos utilisateurs à regarder davantage Netflix », justifie son fondateur et CEO, Reed Hastings.[2]

Si la méthode de l'A/B Testing est aussi répandue dans le milieu des start-up, c'est avant tout en raison de sa fiabilité.

---

1. Lire l'interview intégrale sur le JDN : http://www.journaldunet.com/ebusiness/commerce/1180738-gillian-tans-pdg-de-booking-com/
2. Lire l'interview intégrale sur le JDN : http://www.journaldunet.com/media/publishers/1171696-reed-hastings-netflix/

Car c'est bien connu : les données sont neutres et ne mentent jamais, contrairement aux hommes ! Nombreux sont donc les dirigeants d'entreprise du Web à leur faire confiance pour prendre certaines décisions. C'est notamment le cas de Jeff Bezos qui n'hésite pas à privilégier les données aux avis. Dans une tribune publiée sur le site entrepreneur.com, un ancien employé d'Amazon, David Selinger, raconte comment il a réussi à convaincre ce dernier d'intégrer de la publicité sur la page d'accueil du site :

> « Sur Amazon, une de mes propositions fut de vendre de la publicité sur la page d'accueil du site et la première réponse de Jeff ne fut pas positive : “C'est l'une des idées les plus stupides que j'ai jamais entendue.” Aïe… Néanmoins, quand j'ai justifié l'opportunité avec des données, j'ai eu son approbation. Jeff m'a dit de faire un test en temps réel et, à partir de cette simple décision, nous avons généré un milliard de dollars. […] »[1]

Cette confiance du PDG d'Amazon dans les données s'avère payante puisqu'elle donnera naissance à une toute nouvelle division appelée « Amazon Advertising ». « Chez Amazon, tout ce qui peut être mesuré l'est » : cette phrase de David Selinger résume à elle seule la culture de la donnée qui règne au sein de l'entreprise. Pour autant, le géant de l'e-commerce est loin d'être la seule entreprise à s'en remettre aux données pour

1. http://www.journaldunet.com/ebusiness/expert/58755/la-culture-de-la-donnee---ce-que-jeff-bezos-m-a-appris-sur-la-gestion-d-une-entreprise.shtml

prendre d'importantes décisions stratégiques. L'anecdote du changement de modèle de TaskRabbit est ici intéressante. Figure de proue de l'économie collaborative aux États-Unis, la start-up fondée par Leah Busque en 2008, se lance à une période où le terme « Sharing Economy » n'existe pas encore.[1] Son concept, novateur pour l'époque, consiste à mettre en relation des clients souhaitant déléguer certaines tâches avec des utilisateurs appelés « Taskers » (autrefois « Rabbits », ndlr) qui vont exécuter ce travail contre rémunération. Ces derniers sont libres de fixer leurs tarifs et de gérer leur emploi du temps. TaskRabbit se contente ici de jouer le rôle d'une marketplace qui met en relation l'offre et la demande, sans oublier néanmoins de prélever une commission.

Pour ce faire, la start-up adopte d'abord un principe d'enchères, où les « taskers » doivent enchérir pour remporter le job. Mais le fonctionnement se révèle complexe pour certains utilisateurs. Le système fait même des mécontents dans les deux camps : d'un côté certains clients ont du mal à estimer le prix de départ d'une tâche, de l'autre les « taskers » consacrent une partie importante de leur temps à rechercher et à enchérir pour remporter ces jobs. En conséquence, seulement 50 % des tâches trouvent un Tasker, les deux parties s'en retrouvant insatisfaites. TaskRabbit s'en rend compte et décide de s'attaquer au problème. Le lancement de sa plateforme à Londres étant déjà inscrit dans son agenda, l'équipe dirigeante saisit cette occasion

1. David Selinger, « Data Driven: What Amazon's Jeff Bezos Taught Me About Running a Company », *Entrepreneur*, septembre 2014.

pour expérimenter un nouveau modèle sur un marché où l'entreprise n'a pas d'antécédents. D'un modèle d'enchères similaire à eBay, elle met en place un système de mise en relation basé sur des algorithmes, plus proche ici de celui d'Uber. Concrètement, plutôt que d'attendre qu'un Tasker se manifeste et enchérisse pour un job, TaskRabbit met directement en relation des clients avec les meilleurs profils. En novembre 2013, une partie de l'équipe de San Francisco fait ainsi le déplacement à Londres pour lancer cette nouvelle plateforme. Après avoir trouvé ses 50 premiers Taskers, et appuyé son lancement avec une campagne marketing locale, la start-up dresse enfin un premier bilan. Et le résultat est sans appel : d'une moyenne de 50 % de tâches effectuées aux États-Unis, celle-ci passe à 80 % à Londres ! Si cet indicateur conforte l'équipe dirigeante dans le choix de ce nouveau modèle, il pose aussi plusieurs questions : si ce modèle fonctionne à Londres, comment être sûr que son succès sera réplicable aux États-Unis ? Surtout, comment savoir si ce changement de système sera accepté par les utilisateurs américains ? La start-up décide malgré tout de faire confiance à ses données en adoptant ce nouveau modèle sur le marché américain en juillet 2014.

Cette période de transition se révèle assez stressante pour les dirigeants de TaskRabbit. Il faut dire que la décision prise par l'entreprise est loin de faire l'unanimité dans la communauté. Chaque jour, sa CEO Stacy Brown-Philpot – poste qu'elle occupe depuis avril 2016 – observe des utilisateurs qui ne reviennent pas et des revenus en chute libre.

> « Cette période de deux semaines a semblé extrêmement longue », se souvient la dirigeante, qui a notamment piloté le lancement de la plateforme à Londres.

Mais la start-up s'y était préparée. Elle avait même défini des seuils et décidé qu'elle ne procéderait à aucun changement tant que ceux-ci ne seraient pas atteints. Aux yeux de sa CEO, il était en effet indispensable d'accorder du temps aux clients pour s'adapter au changement. Et la suite des événements lui donne raison puisque deux semaines plus tard, les chiffres repartent enfin à la hausse, sans jamais être descendu aussi bas que ce que redoutait l'équipe dirigeante. Si certains clients de longue date n'apprécient pas le changement de modèle, il permet à la start-up d'en séduire de nouveaux.

> « Cela nous a permis de gagner un nombre conséquent de nouveaux utilisateurs qui n'utilisaient pas TaskRabbit justement à cause de notre ancien modèle », précise Stacy Brown-Philpot.

Si l'équipe de TaskRabbit a tenu bon, malgré les critiques d'une partie de ses utilisateurs, c'est précisément parce qu'elle a gardé foi en ses données.

> « Nous savions que ce modèle avait fonctionné à Londres, ce qui nous a donné confiance »[1], me confie la patronne de TaskRabbit.

Cette fois encore, les données n'ont pas menti.

---

1. Lire l'interview intégrale sur le JDN : http://www.journaldunet.com/ebusiness/commerce/1181580-stacy-brown-philpot-ceo-de-taskrabbit/

Mettez votre *ego* DE CÔTÉ

Les données n'échappent pas à l'interprétation et il peut être tentant de ne considérer que celles qui flattent votre ego. Ces indicateurs valorisants, Eric Ries, auteur de la célèbre méthodologie « Lean Startup », les appelle les « Vanity Metrics » !

Il les oppose notamment aux données « actionnables », permettant de prendre des décisions rapides, comme par exemple celles recueillies grâce aux méthodes d'A/B Testing. À ses yeux, seul ce type de données devrait trouver grâce aux yeux des entrepreneurs :

> « Les seules données à collecter dans lesquelles les entrepreneurs doivent investir de l'énergie sont celles qui les aident à prendre des décisions. Malheureusement, la majorité des données disponibles dans les packs d'analytics standard sont ce que j'appelle les Vanity Metrics. Elles peuvent rassurer, mais elles ne donnent pas d'indication claire sur ce qu'il faut faire. »[1]

Prenons l'exemple d'une application mobile. Si un nombre important de téléchargements est toujours bon signe, cet indicateur ne traduit pas forcément un futur succès. Celui-ci ne permet pas, par exemple, de mesurer l'engagement réel des utilisateurs. D'autres indicateurs permettraient pourtant de se faire une idée plus précise : combien de personnes ont ouvert à nouveau l'application après l'avoir téléchargée ? Combien l'utilisent plus d'une fois par jour ? Combien en ont parlé sur les réseaux sociaux ou ont invité leurs amis à l'essayer ? Etc.

---

1. Source : http://fourhourworkweek.com/2009/05/19/vanity-metrics-vs-actionable-metrics/

Le problème des « Vanity Metrics » est qu'elles peuvent parfois masquer de réels problèmes comme le fait remarquer Ryan Holiday dans son livre *Growth Hacker Marketing*[1]. Celui-ci cite notamment l'exemple de Groupon qui, après avoir connu une croissance exponentielle et nourri beaucoup d'espoirs chez ses investisseurs, a depuis perdu de sa superbe. Dans son livre, l'ancien directeur marketing de la marque de vêtements American Apparel explique que si le site d'achats groupés s'est retrouvé dans cette situation, c'est surtout parce qu'il s'est essentiellement focalisé sur sa croissance sans accorder suffisamment d'attention aux utilisateurs insatisfaits qui ne revenaient pas sur sa plateforme :

> « Dans le cas de Groupon, les statistiques affichées étaient impressionnantes en apparence, mais en réalité, le public en avait de plus en plus marre de leurs produits. Si Groupon avait surveillé l'expérience client plus globalement, je parie qu'ils auraient pu voir que toute cette croissance allait se payer très cher. Ils se mettaient à dos leurs utilisateurs de départ, qui abandonnaient le service – autrement dit, se désabonnaient – même si de nouveaux utilisateurs arrivaient. »

Faire parler des données nécessite souvent une bonne dose d'humilité. En effet, celles-ci sont impitoyables et sans appel : un entrepreneur doit parfois admettre qu'il fait fausse route et que, sans changement de stratégie de sa part, son produit a peu de chance de rencontrer le succès espéré. C'est par exemple

1. Penguin, 2013.

cette humilité qui amène les fondateurs de Burbn à pivoter pour finalement créer Instagram. Au départ Burbn est une application qui permet de réaliser des check-in dans différents lieux, un peu à l'instar de ce que propose Foursquare.

> Comme le confesse son cofondateur Kevin Systrom au site PandoDaily en 2012, « les photos faisaient partie du produit sans en être l'élément central ».

Pourtant, lui et son cofondateur Mike Krieger remarquent que les utilisateurs prêtent beaucoup d'attention aux photos, dont notamment celles qui ont été améliorées en utilisant des filtres. Ces images récoltent davantage de « likes » et de commentaires que les autres. Les deux entrepreneurs décident donc de mettre les photos et les filtres au cœur de leur nouvelle application. Instagram est née !

Kevin Systrom en tirera néanmoins une leçon : toujours se focaliser sur les besoins des utilisateurs en observant leur comportement plutôt qu'en écoutant ce qu'ils disent :

> « Au fil du temps, ce que vous faites, c'est simplement récupérer les données pour analyser ce que font vos utilisateurs et ainsi vous concentrer sur les choses qu'ils aiment le plus. À partir du moment où nous nous sommes focalisés sur les photos avec filtres, c'est devenu un phénomène. »[1]

---

1. https://www.youtube.com/watch?v=Fgn2fhZBAVA

Remerciements

Je tiens d'abord à remercier ma famille et plus particulièrement mes parents.

Merci également à :

Chloé Schiltz, mon éditrice chez Dunod, pour son travail remarquable et ses encouragements !

Cédric Aubry, mon ami d'enfance, pour la réalisation de la couverture et la mise en forme des illustrations.

Frantz Grenier, rédacteur en chef du JDN Web & Tech, pour m'avoir donné ma chance il y a quelques années lorsque j'étais un étudiant à la recherche d'un stage.

Xavier Niel pour avoir accepté de rédiger ma préface et Isabelle Audap pour avoir facilité les échanges.

David, Ours, Adidi, et Sophie pour avoir pris le temps de relire le manuscrit.

Nicolas « Eltricos », Clément de la Fnac, Fade, Harry, et tous les autres pour leur soutien.

Enfin, un grand merci à tous les incroyables entrepreneurs avec qui j'ai eu la chance de m'entretenir au cours de ces cinq dernières années et qui m'ont donné la matière pour écrire ce deuxième ouvrage.

Adrien

Votre avis m'est précieux :

rendez-vous sur
www.startupattitu.de

pour engager la conversation
et découvrir du contenu exclusif !

75907 (I) OSBSOP 90° SOF-API

Dépôt légal : janvier 2017

Jouve

1, rue du Docteur Sauvé, 53100 Mayenne

N° 2487655L

Imprimé en France